As práticas pedagógicas utilizadas no Parque Nacional da Serra da Capivara (PI)

EDUFPI

CLEIDE MARIA DE CARVALHO SILVA

As práticas pedagógicas utilizadas no Parque Nacional da Serra da Capivara (PI)

edufpi

Editora da Universidade Federal do Piauí
Campus Ministro Petrônio Portela
CEP: 64049-550 – Ininga – Teresina – PI – Brasil

Edufpi

ßBΞU
Associação Brasileira
das Editoras Universitár

SILVA, Cleide Maria de Carvalho. *As práticas pedagógicas utilizadas no Parque Nacional da Serra da Capivara-PI* - Cleide Maria de Carvalho Silva. Teresina: EDUFPI, 2018. 125p.

ISBN: 978-85-509-0335-4

1. Práticas pedagógicas 2. Parque Nacional da Serra da Capivara. I. Cleide Maria de Carvalho Silva

DEDICATÓRIA

A Deus, por me fazer presente e fazer-se presente em mim. Aos meus amados pais, José Moacir de Carvalho e Adauta Josina de Carvalho, pela simplicidade e coragem que me fizeram ser o que sou. Ao meu amado esposo, Vicente Marques da Silva, pela compreensão e paciência, pois tornou-se o meu alicerce. Aos meus filhos: Jessica Crys de Carvalho Silva e Jonathas Felipe Marques Carvalho Silva, que despertam em mim a força para continuar. Aos meus netos que são minha alegria de viver. Aos meus (10) dez irmãos com a letra "C", por fazerem parte de mim.

AGRADECIMENTOS

Gostaria de demonstrar minha gratidão a todos aqueles que contribuíram comigo na produção desta dissertação e que ao longo dessa trajetória são muitas pessoas, muitos lugares e muitas experiências.

Aos meus professores de Mestrado, especialmente o professor Dr. Juan Ireneo Barreto Ascona, por aceitar me orientar neste estudo, o meu profundo sentimento de apreço e reconhecimento pelo tempo que disponibilizou durante a orientação desta dissertação, deveras pertinente e construtivo.

Ao professor e amigo João do Socorro Silva Rocha. Obrigado pela parte técnica desse trabalho e principalmente pela amizade e pela tranquilidade que me desperta.

À professora Dra. Claudete Maria Miranda Dias, pelo apoio quando precisei e que foi de grande ajuda.

A todos os entrevistados que deram o suporte empírico para esta pesquisa.

Aos meus colegas e amigos do mestrado. Compartilhamos vários tipos de emoções, senhores Mestres e futuros Doutores.

A todos, o meu grato reconhecimento.

SUMÁRIO

Introdução

O presente trabalho disserta sobre as práticas pedagógicas utilizadas no Parque Nacional da Serra da Capivara-PI para o processo de ensino e aprendizagem dos alunos do curso de Graduação em História da Faculdade Evangélica Cristo Rei (FECR) pólo de Timon – MA.

A escolha do tema deste trabalho é de modo específico, concretizado por razões que têm significado para a vida pessoal-profissional do docente, dos discentes e para o plano teórico-metodológico em que a questão se insere.

É gratificante a tarefa de abraçar um projeto de pesquisa em nível de mestrado, pois, trata-se de uma dádiva diante de uma temática que apaixona a pesquisadora. No momento de iniciar este trabalho, a pesquisadora inquietava-se com questões geradas no âmago de sua própria práxis pedagógica.

A trajetória profissional da pesquisadora, marcada pela docência universitária, em nível de graduação nos cursos de Licenciatura Plena em História com visitas aos sítios arqueológicos que apresentam pinturas rupestres, foi o estímulo maior que a desafiou para o desenvolvimento deste trabalho.

Ao longo do curso, os acadêmicos perceberam a relevância de terem uma aula prática nos sítios arqueológicos do Parque Nacional da Serra da Capivara-PI, no período do Estagio Supervisionado III: Patrimônio Turístico e Arqueológico. Essa ideia, abraçada por todos os envolvidos, gerou expectativas quanto às aprendizagens práticas, abriram-se em leque diante dos sítios, pela diversidade arqueológica encontrada por eles.

Esta vertente curricular segue o previsto dos dispositivos legais pátrios que disciplinam tal experiência formativa nos cursos de licenciatura, segundo os quais, a prática pedagógica como componente curricular deve ser planejada quando da elaboração do projeto dos

9

cursos de formação. Trata-se, neste sentido, de um estudo caracterizado como quantitativo, na modalidade de estudo exploratório, descritivo, assentando-se metodologicamente em autores conforme a metodologia de Hernández Sampieri, Fernández Collado e Baptista Lucio(2010), Gil (2010), entre outros.

Como instrumentos, para produção de dados, foram empregados observação participante, questionário estruturado, fotografia e documentos. Os sujeitos foram 85 (oitenta e cinco) acadêmicos do curso de Licenciatura Plena em História da faculdade Evangélica Cristo Rei (FECR) no polo da cidade de Timon-Maranhão/Brasil, que realizaram estudos de forma prática no Parque Nacional da Serra da Capivara-PI. Para o desenvolvimento da investigação, permaneceram no campo investigativo por mais de 10 dias e três meses em sala de aula (maio de 2013 a julho de 2013), como requer um estudo de campo.

Em seu aspecto normativo, a Prática Pedagógica, como componente curricular, é uma atividade obrigatória nos cursos de formação de professores, "[...] que deve ser planejada quando da elaboração do projeto pedagógico e seu acontecer deve se dar desde o início da duração do processo formativo e se estender ao longo de todo o seu processo" (PARECER CNE/CP, n° 28/2001). A prática pedagógica como vertente curricular formativa é entendida como atividade de ensino que possibilita inserir o licenciando no contexto da docência desde o início do curso de formação, oportunizando a interlocução entre os referenciais teóricos da área específica de formação do professor e a realidade educacional formal e não-formal, e também como prática formativa cuja compreensão e vivência possibilitam aos futuros professores a atuação/construção do seu processo de formação, por ser mediadora entre teoria e prática docente.

Fica evidente que o ensino de História deixa o campo exclusivo da teoria e passa a apreender a prática em seu proveito, tendo adquirido a capacidade de ponderar, questionar, concluir e expressar, transformando-se em um pensante crítico. Pautado nesta nova exigência da sociedade e foi o que conduziu ao objetivo geral, analisar as práticas pedagógicas utilizadas no Parque Nacional da Serra da Capivara - PI para o processo de ensino e aprendizagem dos alunos do curso de graduação em História da Faculdade Evangélica Cristo Rei (FECR) no polo de Timon – MA, postulando verificar se este componente curricular constitui um meio de formação e de aprendizagens da docência e se, nesta perspectiva, representa igualmente elemento propiciador da articulação entre teoria e prática na formação inicial do professor.

Considerando a natureza quantitativa da investigação e na perspectiva de investigar as práticas pedagógicas realizadas no curso de Licenciatura em História da Faculdade Evangélica Cristo Rei (FECR), construíram-se questões norteadoras da pesquisa, a partir da seguinte pergunta central: Quais os componentes pedagógicos das aulas práticas realizadas no Parque Nacional da Serra da Capivara - PI para o processo de ensino e aprendizagem dos alunos dos cursos de Graduação em História da FACULDADE EVANGÉLICA CRISTO REI no polo de Timon- MA?

E, a partir desta, as seguintes *questões norteadoras da pesquisa:* 1) Quais os elementos das práticas pedagógicas que existem no Parque Nacional da Serra da Capivara - PI, para a disciplina do Estágio Supervisionado III, Patrimônio Turístico e Arqueológico? 2) Qual o processo de aprendizagem docente a partir das aulas práticas no Parque Nacional da Serra da Capivara - PI para o conhecimento da pré-história da América? 3) Quais as contribuições das aulas práticas no Parque Nacional da Serra da Capivara - PI para formação de professores em História do polo de Timon- MA?

Essas questões resultaram nos objetivos específicos, que foram construídos associados ao objetivo geral da pesquisa, a saber:

O objetivo geral da pesquisa é: Analisar as práticas pedagógicas utilizadas no Parque Nacional da Serra da Capivara -PI para o processo de ensino e aprendizagem dos alunos dos cursos de graduação em História da Faculdade Evangélica Cristo Rei (FECR) polo de Timon- MA.

Os objetivos específicos da pesquisa são: 1) Identificar os elementos das práticas pedagógicas do Parque Nacional da Serra da Capivara - PI, para a disciplina do Estágio Supervisionado III, Patrimônio Turístico e Arqueológico; 2) Identificar o processo de aprendizagem docente a partir das aulas práticas no Parque Nacional da Serra da Capivara - PI para o conhecimento da pré-história da América; 3) Especificar a contribuição das aulas práticas no Parque Nacional da Serra da Capivara - PI para formação de professores em História do polo de Timon -MA.

Diante da realidade dos acadêmicos do curso de História da FACULDADE EVANGÉLICA CRISTO REI (FECR) polo de Timon-MA na disciplina Estágio Supervisionado III, Patrimônio Turístico e Arqueológico, e as exigências do setor acadêmico para o docente em dominar a teoria e a prática, tornando-o um profissional qualificado para a sociedade educacional e desenvolvendo suas competências para melhorar o desempenho de suas práticas profissionais. No tocante às práticas pedagógicas na sala de aula nas IES do Piauí, constata-se, todavia, que continuam a pautar pela transmissão passiva de informações aos alunos, pela ausência da relação com o quotidiano do educando e pelo predomínio de metodologias pouco criativas. As repercussões ao nível da qualidade da aprendizagem dos alunos não se fazem esperar: esta é qualificada de pouco ou nada sólida.

Como marco teórico, desenvolveu-se uma pesquisa em três eixos para discussão das temáticas: a) prática pedagógica, o estudo se apoia em teóricos como: Vásquez apud Pimenta (2010); Ghedin et al (2008); Pimenta (2002); Veiga aput Nadal, (2007 e outros b) praticas docentes, nas discussões de Tardif (2000, 2001, 2002); Pimenta, (2007); ALVES e GARCIA, (2002); Caldeira (2000), e outros; e c) formação de professores, fundamenta-se, entre outros, nos estudos de Nóvoa (1992); Menezes (1996); Novoa (1992); Freire (1975) e outros.

Assim, essa vertente curricular, como proposta pelo curso em referência, transcende a sala de aula, abrangendo o conjunto do ambiente universitário, com a finalidade de promover a articulação das diferentes práticas numa perspectiva interdisciplinar, com ênfase nos procedimentos de observação e reflexão a fim de que o futuro professor possa melhor compreender esse processo e, assim, atuar em situações contextualizadas.

Optou-se pelo polo de Timon -MA porque a pesquisadora exerce a docência na disciplina de Estágio Supervisionado III, Patrimônio Turístico e Arqueológico que consta da grade curricular do curso de Licenciatura Plena em História da Faculdade Evangélica Cristo Rei (FECR) cuja atuação alcança todo o Piauí e os municípios circunvizinhos, como o polo de Timon -MA. Essa condição facilitou o acesso às informações, aos documentos oficiais e aos espaços necessários para o desenvolvimento do trabalho.

O ânimo para o desenvolvimento desta investigação foi aumentando à medida que se aprofundava no campo de pesquisa, colhendo-se material empírico para a formação da dissertação assim como o referencial teórico em que este estudo se baseia e avança na produção dos dados, através da observação participante, dos questionários e da análise desses questionários que tornará se material empírico para este trabalho. Assim, este trabalho de pesquisa justifica-se por apresentar o Parque Nacional da Serra da Capivara, São Raimundo Nonato – PI aos acadêmicos de história, para que percebam a relevância desse patrimônio histórico e cultural dentro do estudo da história, usando como suporte a disciplina da grade curricular de história, que é: Estágio Supervisionado III, Patrimônio Turístico e Arqueológico.

Apesar de sua reconhecida importância para a história da humanidade, a evolutiva história do homem da América não é utilizada para o estudo prático no curso de história como uma norma. Com isso, inserir-se uma turma do curso de história do polo de Timon -MA, no Parque Nacional da Serra da Capivara para uma aula prática da disciplina: Estágio Supervisionado III, Patrimônio Turístico e Arqueológico, tema aqui abordado, é o que justifica plenamente este trabalho. O estudo aqui apresentado deverá também contribuir para um aumento do conhecimento da evolução do homem na América, trazendo novos dados para o curso de história em sua prática.

Pensa-se que a prática da disciplina Estágio Supervisionado III, Patrimônio Turístico e Arqueológico nos sítios arqueológicos do PARNA, pode levar à disseminação do conhecimento, pois a cultura proporciona ao indivíduo outro olhar para o mundo ao seu redor. O Parque Nacional da Serra da Capivara é um vasto potencial arqueológico constituído pela riqueza e diversidade de suas pinturas, onde está concentrado o maior número de sítios com pinturas rupestres da América, tornando-se uma verdadeira sala de aula a céu aberto.

A presente tese está dividida em sete seções, a primeira seção apresenta a introdução, descrevem-se os objetivos, a justificativa e o problema investigativo que centraliza a pesquisa.

Na segunda, terceira e quarta seções apresentam-se o marco teórico dividido em três eixos temáticos desta pesquisa que são as práticas pedagógicas, processo de aprendizagem e a formação de professores, complementando a base conceptual e epistemológica que fundamentam a orientação do estudo, envolvem discussões e posicionamentos sobre formação inicial, sua historicidade e normatização no contexto da educação brasileira; aprendizagens docentes como base do conhecimento para aprender a ensinar a ser professor e prática pedagógica como componente curricular formativo, na condição de espaço curricular que proporciona articulação entre formação inicial e realidade profissional do futuro professor, realçando seus aspectos normativos e discussões teóricas que a fundamentam.

Na quinta seção, apresentam-se os aspectos metodológicos que norteiam a investigação que situa o tipo de pesquisa, amostra e população, local da pesquisa e os sujeitos da pesquisa, destacando os procedimentos adotados para sua seleção, assim como os instrumentos de coleta de dados. Descrevem-se detalhadamente os procedimentos adotados na produção de dados.

A sexta seção contém a análise e discussão dos resultados da pesquisa de campo, produto de mergulho profundo na realidade investigada, construído após leituras e releituras dos questionários da pesquisa que embasaram este estudo e dos dados produzidos em consonância com as informações coletadas. A partir do olhar e da compreensão dos futuros docentes, identificam-se as aprendizagens da docência que esta vertente curricular proporciona aos futuros professores em processo de constante formação e como esta experiência propicia a articulação teoria e prática na formação do professor.

A sétima seção apresenta a última parte, denominada Considerações Finais e Recomendações que contém registros das principais constatações, evidências, assim como as viabilidades e recomendações.

1. Elementos das práticas pedagógicas para a disciplina do Estágio supervisionado III, Patrimônio turístico e arqueológico do curso de História

Têm-se discutido as problemáticas práticas pedagógicas dos professores, sem refletir que tais problemas são arraigados nos costumes da história da educação. Observando essa problemática, empenha-se em pesquisar as práticas pedagógicas utilizadas nos sítios arqueológicos do PARNA Serra da Capivara- PI, no Estágio Supervisionado III, Patrimônio Turístico e Arqueológico dos cursos de História da Faculdade Evangélica Cristo Rei (FECR) polo de Timon-MA.

Os estágios supervisionados possuem relevância nos currículos dos Cursos de Licenciatura no Brasil, uma vez que se constituem oportunidade de vivências específicas da docência. Essas experiências devem transcender a mera obrigação curricular, assumindo uma função protagonista em meio à formação inicial. Nessa perspectiva, é importante que se discuta o estágio como espaço de contribuição para uma formação que privilegie a reflexão crítica; de articulação entre a teoria e a pesquisa; e de produção de saberes para ensinar.

Ao possibilitar, aos futuros professores, a interação com o campo de atuação, o estágio supervisionado caracteriza-se como um momento indispensável na formação. Essa atividade formativa propicia a experiência nas diversas situações de ensino-aprendizagem e nos desafios da prática pedagógica.

O estágio supervisionado inicia o aluno-professor no exercício da atividade docente, por isso sua forma de organização e as vivências desenvolvidas nele são fundamentais. É importante discutir, também, a perspectiva que entende o professor como profissional reflexivo. Sob esse prisma, o docente realiza ações intelectuais, no interior da sua experiência, fundamentado em conhecimentos teóricos, capazes de possibilitar a análise de situações de sua prática, a reelaboração de procedimentos e a criatividade.

Diante disso, aponta-se como o estágio pode contribuir para uma formação que privilegie a reflexão crítica. De que maneira a teoria e a pesquisa no estágio podem influenciar a formação do futuro professor e ainda, o fato de que o estágio se constitui num espaço de produção de saberes para serem utilizados na ação de ensinar.

Entende-se que, sem o estágio, além de não se valorizar a formação intelectual do professor, o transforma em um mero repetidor de atitudes e hábitos, impedindo-o de analisar criticamente a realidade. Sobre isso, o autor ressalta que:

> O estágio, nos moldes tradicionalmente assumidos nos cursos de formação de professores, não tem permitido contribuir para a análise crítica da prática docente em sala de aula e não tem conseguido formar uma cultura ou atitude docente que consiga superar a cultura escolar que ainda carrega vícios de uma perspectiva tecnicista e conservadora da educação. (GHEDIN et al, 2008, p.34).

A prática do estágio, nos dias de hoje, aponta para a necessária articulação da formação inicial com a prática profissional, devendo constituir-se em momentos de experiências importantes em que o futuro professor pode construir seu reservatório de saberes teóricos e práticos, necessários à sua atuação profissional.

Sob essa ótica, o estágio supervisionado se firma como momento de construção dos saberes docentes. Saberes estes que vão além dos acadêmicos e envolvem o desenvolvimento pessoal, profissional e organizacional da profissão. O aluno-professor, já em sua formação inicial, encara a complexidade do papel profissional. Outro ponto que nos chama a atenção é destacado por Ghedin et al (2008): "O estágio precisa promover a aproximação entre o espaço da escola de formação e os contextos reais sem que isso se restrinja a uma etapa no final do curso". Dessa forma o aluno estagiário do curso de história tem uma formação condizente com a realidade quando este chega a um sitio arqueológico onde pode pesquisar e contextualizar as teorias comunicadas em sala de aula.

1.1 A Prática Pedagógica no estágio supervisionado como componente curricular e os aspectos conceptuais e legais

A Constituição Federal Brasileira de 1988 é a Carta Magna que regulamenta e dirige a vida dos brasileiros. Constitui-se em um conjunto de normas jurídico-constitucionais elaboradas com o objetivo de garantir os direitos e deveres dos cidadãos brasileiros. Dessa forma, a educação é uma instância social, tem-se que, segundo o título II, capítulo II, artigo 6º da Constituição, a educação fundamenta-se em um direito social assegurado por lei. De acordo com a Constituição em seu título VIII, capítulo III, seção I, artigo 205, que se refere à educação, lê-se o seguinte, In Verbis:

> [...] A educação, direito de todos e dever do Estado e da família, será promovida e incentivada com a colaboração da sociedade, visando ao pleno desenvolvimento da pessoa, seu preparo para o exercício da cidadania e sua qualificação para o trabalho. (BRASIL, Artigo 205. p 119).

Para que ocorra a qualificação para o trabalho, é necessária uma preparação acadêmica adequada, desde a escolha da grade curricular, a execução da mesma, com referência à autonomia didático-científica das universidades, respaldada pela Constituição Federal Brasileira/88, no art.207, assim como o art.53 e incisos da Lei nº 9394/96 (Lei de Diretrizes e Bases da Educação Nacional), a modificação na estrutura de grades curriculares está inserida na esfera de atribuições inerentes às universidades. Referindo-se à formação do currículo universitário, a Constituição Brasileira é pertinente apenas em parte em relação à forma como trata o tema. Conforme a Constituição Brasileira em seu título VIII, capítulo III, seção I, artigo 207, dá-se autonomia às universidades para que elaborem o currículo dos cursos a nível superior que essas instituições oferecem.

Perceba-se que a educação é direito constitucional de todos, além de ser responsabilidade do Estado e da família referente à educação básica. Quanto ao nível superior, o Estado maior oferece, mas fica subjetivo ao brasileiro cursar ou não. Neste sentido, cabe às autoridades e instituições incentivar o pleno desenvolvimento da pessoa, preparando-a para o exercício da cidadania e para a sua qualificação profissional.

Neste ponto, a Constituição é simples e direta: a educação possui como finalidade a garantia de cidadania e a preparação para o mercado de trabalho, estabelecendo um paralelo no que ressalta a Lei de Diretrizes e Base da Educação Nacional (LDB), de 1996 no Artigo 22, que aponta que a educação básica tem por finalidade "desenvolver o educando, assegurar-lhe a formação indispensável para o exercício da cidadania e fornecer-lhe meios para progredir no trabalho e em estudos posteriores". Essa última finalidade deve ser desenvolvida principalmente pelo ensino médio, uma vez que entre as suas finalidades específicas incluem-se "a preparação básica para o trabalho e a cidadania do educando", a serem desenvolvidas por um currículo que:

[...] destacará a educação tecnológica básica, a compreensão do significado da ciência, das letras e das artes; o processo histórico de transformação da sociedade e da cultura; a língua portuguesa como instrumento de comunicação, acesso ao conhecimento e exercício da cidadania. (BRASIL, LDB, artigo 22).

A Lei de Diretrizes e Bases da Educação Nacional (Lei 9394/96) dedica um capítulo específico à formação dos professores da educação básica, denominado "Dos Profissionais da Educação", que corresponde aos artigos 61 a 67. Este capítulo faz referência à formação de professores, que deve ocorrer em cursos de licenciatura plena (art. 62) e aos aspectos metodológicos que norteiam os currículos de formação inicial. Dentre estes, recomenda-se a necessária associação entre teoria e prática (art.61).

Nesse mesmo sentido, o parecer CNE/CP 09/2001, de 8 de março de 2000, traz, entre os princípios orientadores para formação de professores, a articulação entre teoria e prática, que deve ser desenvolvida a partir de uma prática pedagógica delineada desde o início do processo formativo, a ser desenvolvida ao longo do curso, promovendo a articulação das diferentes práticas, numa perspectiva interdisciplinar, com ênfase nos procedimentos de observação e reflexão.

Postula ainda que esta articulação ocorra em estudos formais e não-formais. Essa confirmação revela que tanto a formação quanto a prática pedagógica não se reduzem a um espaço isolado, fechados em si mesmos, desarticulados do restante do curso. Por sua vez, o parecer CNE/CP n° 28/2001, de 02 de outubro de 2001, vem distinguir o que seja prática pedagógica como componente curricular formativo e estágio curricular. Para tanto pontua o seguinte:

A prática pedagógica como componente curricular formativo deve ser planejada quando da elaboração do projeto pedagógico e seu acontecer deve se dar desde o início da duração do processo formativo e se estender ao longo de todo o seu processo. Em articulação intrínseca com o estágio supervisionado e com as atividades de trabalho acadêmico. O estágio curricular supervisionado de ensino é, pois, um modo especial de atividade de capacitação em serviço e que só pode ocorrer em unidades escolares onde o estagiário assuma efetivamente o papel de professor, com outras exigências do projeto pedagógico e das necessidades próprias do ambiente institucional escolar testando suas competências por um determinado período. (BRASIL, CNE/CP n° 28/2001, p. 9-10).

Essa diferença visa, tão-somente, explicitar que o objeto deste estudo é a Prática Pedagógica como componente curricular. Configura-se numa proposta metodológica que perpassa todo o currículo de formação. Extrapola a sala de aula da instituição formadora e mesmo o ambiente escolar, possibilitando, ao futuro professor, adentrar outros espaços educativos, desde o início do curso, não esperando pelo estágio curricular. Ainda, segundo a resolução do CNE/CP 01/2002, que institui as Diretrizes Curriculares Nacionais para a Formação de Professores da Educação Básica, a distinção da prática na matriz curricular dos cursos de formação com o estágio curricular supervisionado é assim disciplinada:

> Que a prática não poderá ficar isolada a um espaço que a restrinja ao estágio, desarticulado do restante do curso, deverá estar presente desde o início do curso e permear toda a formação do professor, deverá estar em tempo e espaço curricular específico, e ainda, a coordenação da dimensão prática transcenderá o estágio e terá como finalidade promover a articulação das diferentes práticas, numa perspectiva interdisciplinar (BRASIL, PCN art.12, § 1° e 2° e art. 13).

Como destaque, os dispositivos legais citados recomendam que a prática pedagógica esteja presente em todo projeto de formação das licenciaturas. Determina que as atividades de ensino transcendam a sala de aula da instituição formadora, articulando-se ao conjunto do ambiente escolar e da educação como um todo. A possibilidade de o futuro professor verificar, *in loco*, no decorrer da sua formação profissional, o ambiente institucional escolar em que irá trabalhar, possibilitará uma identificação das aprendizagens necessárias ao exercício de sua função.

A temática da prática pedagógica, enquanto componente curricular formativo, vem sendo objeto de reformulação dos cursos de formação de professores e de pesquisas acadêmicas que propõem investigar os meandros da prática nos cursos de formação inicial de professores. As modificações nas estruturas de tais cursos vêm procurando superar a dicotomia teoria/prática.

Guimarães (2008) chama atenção acerca dessas modificações na formação de professores. A partir da legislação, a disciplina propõe que essas transformações estejam vinculadas a um projeto de formação construído coletivamente e voltado para o estatuto da profissionalidade docente, cuidando-se para não incorrer na dicotomia entre teoria e prática, fragmentando ainda mais a formação. A superação dessa dicotomia envolve aspectos mais abrangentes do que seus aspectos normativos ou conceituais, vão desde uma trama coletiva de aprendizagens para a docência a um olhar mais crítico e atento sobre a relação instituição formadora-escola.

Como demonstrado, na legislação vigente a prática pedagógica tornou-se um componente curricular obrigatório nos cursos de formação de professores da educação básica, objetivando inserir o futuro professor no cotidiano escolar, na perspectiva de associar o conhecimento dos conteúdos específicos da sua área de formação aos conteúdos pedagógicos, a partir de uma práxis que deve problematizar o fazer pedagógico na dialética ação-reflexão-ação de modo contextualizado, interdisciplinar, investigativo, para o futuro professor ser capaz de se reconhecer como professor de profissão.

Reitera-se, pois, que essa dimensão formativa é vista como um vetor de aprendizagens profissionais docentes no âmbito da formação inicial do professor. Tornando-se um aspecto do conhecimento que deve estar presente em todo o processo formativo, a fim de que o futuro professor vivencie, no percurso de sua formação, o ambiente institucional escolar formal e não-formal.

Assim será aceito como ator/construtor/colaborador de seu processo formativo. Corrobora o entendimento de Guimarães (2008, p. 691), que, acerca desse componente curricular, afirma que não se trata de estágio curricular, de uma disciplina ou prática de ensino, mas um "[...] espaço curricular de vivência, estudo e reflexão de professores e alunos a partir de desafios e dilemas postos pela realidade profissional". Um espaço composto pelo professor formador, e pelo futuro professor, pela instituição formadora e pelos demais vieses profissionais da docência.

1.2 Prática do estágio e a formação de professores reflexivos no processo de ensino e aprendizagem

O termo em questão, conforme o dicionário da Língua Portuguesa (1999: 626), diz que ensinar (do latim *insignare*) "é ministrar conhecimentos de uma ciência ou arte a; dar lições a alguém". Por sua vez, o Dicionário breve de Pedagogia (2001: 195) define o ensino como sendo um "processo pelo qual o professor transmite ao aluno o legado cultural em qualquer ramo do saber".

Apesar de as definições de dicionário, apresentadas, limitarem o ato de ensinar à transmissão de conhecimentos, as finalidades do ensino evoluíram. Conforme escreve o especialista:

> A função de ensinar, ao sabor das finalidades educativas, passou sucessivamente, da transmissão de informações, para o desenvolvimento do saber-fazer, para a formação da pessoa, nos nossos dias, chegar à concepção do "ensino que dê resposta" (...) no qual o professor se adapta às necessidades dos alunos. (ALTET, 2000, p. 13).

Assim, corrobora a autora quando defende que ensinar é "um processo interpessoal, intencional, que utiliza essencialmente a comunicação verbal, o discurso dialógico finalizado como meios para provocar, favorecer e garantir o sucesso da aprendizagem" (ALTET, 2000, p. 13).

Nessa perspectiva, o ensino, correspondente a uma transmissão de conhecimentos, tem se colocado ao serviço da aprendizagem, entendida como uma "construção pessoal, resultante de um processo experiencial, interior à pessoa que se traduz numa modificação de comportamento relativamente estável" (ALARCÃO & TAVARES, 1999, p. 86).

A aprendizagem não significa, portanto, um amontoar de coisas e informações, mas trata-se de um processo sistêmico, dinâmico que implica um processo de retroação e de ajustamentos sucessivos (GAGNÉ, 1975 citado por ALTET, 2000, p. 18). Da mesma forma, as aprendizagens escolares passam pela comunicação e, numa dada situação, pressupõem interações entre os atores educativos, ou seja, entre o professor e os alunos. A esse respeito, Altet partilha a seguinte visão:

> As práticas pedagógicas na sala de aula e a qualidade do processo ensino-aprendizagem Estudo de caso: Escola Secundária de Achada Grande [...] O que caracteriza de fato a comunicação pedagógica é que não se trata de uma simples e missão ou difusão de mensagens, mas de uma troca finalizada numa aprendizagem, por meio de um processo interativo de ensino-aprendizagem em que o emissor procura modificar o estado do saber do receptor, o que torna fundamental a presença de um duplo *feedback* receptores-emissor, mas também emissor-receptores.(ALTET, 2000. p. 62).

Para Demo (2000, apud PIBERNAT, 2004, p. 97), a qualidade do processo ensino-aprendizagem reside na possibilidade de se proporcionar aos alunos o acesso universal ao conhecimento básico, que garanta a todos as condições de participar e produzir, sobretudo "aprender a aprender".

Esta ideia de uma aprendizagem contínua também é defendida por Piaget (1995, apud Collares, 2003, p. 38) quando afirma que o ideal da educação não é aprender ao máximo, mas é antes de tudo "aprender a aprender; é aprender a se desenvolver e aprender a continuar a se desenvolver depois da escola". Se a concepção de um ser humano em constante aprendizagem é o que conduz a Educação a organizar-se, segundo o autor:

> [...] a volta de quatro aprendizagens fundamentais que, ao longo da vida, serão de algum modo para cada indivíduo, os pilares do conhecimento: aprender a conhecer, isto é a adquirir os instrumentos de compreensão, aprender a fazer, para poder agir sobre o meio envolvente, aprender a viver juntos, a fim de participar e cooperar com os outros em todas as atividades humanas, finalmente, aprender a ser, via essencial que integra as três precedentes. (DELORS,1996, p. 45).

Dessa forma, a qualidade do processo escolar não se centra tanto na instrução, mas postula um ensino e aprendizagem dinâmicos, voltados para explorar as habilidades dos alunos, facultando os meios para construção do conhecimento, atitudes e valores e aquisição de competências.

As novas concepções pedagógicas se centram no aluno, nas suas dificuldades, necessidades, nos seus processos de aprendizagem. Para o autor citado, essas concepções, centradas no estudante, significam:

> Ter em conta os saberes que já possui; Identificar e definir as dificuldades e obstáculos a transpor e pôr em prática condições ativas de aprendizagem ativa; Escolher a atividade, os suportes pedagógicos, o modo de agrupamento, o modo de orientação e prever uma avaliação formativa para reajustar a

situação de acordo com as interações encontradas. (ALTET, 2000, p. 174).

O estudante é visto como um ser ativo do processo educativo. Assim, opera-se uma mudança que induz à transição do processo de ensinar para o processo de aprender. Nisso, o professor, ao organizar condições de aprendizagens ativas para o aprendizado, vai ser levado a desempenhar outro papel que passa do ensinar, para o formar, educar. Para tanto, existe a necessidade de repensar a sua prática pedagógica em uma sala de aula inovadora, exigindo novas posturas educacionais.

Tal processo formativo é muito bem enfatizado por Veiga (2002). A autora destaca duas perspectivas da formação de professores – a de tecnólogo do ensino e a do professor como agente social. Essa última abordagem corrobora a ideia de um professor preparado para os desafios que as transformações no mundo contemporâneo impõem à docência. Sobre isso a autora certifica:

> A formação do professor desenvolve-se na perspectiva de uma educação crítica e emancipadora, o que requer: a) Construção e domínio sólidos dos saberes da docência identificados por Tardif (1991) quais sejam: saberes disciplinares e curriculares, saber da formação pedagógica, saber da experiência profissional e dos saberes da cultura e do mundo vivido na prática social. [...]; b) Unicidade entre teoria e prática. [...]; c) Ação coletiva, integrando todo o pessoal que atua na escola bem como todos os processos que contribuem para a melhoria do trabalho pedagógico. [...]; d) A autonomia [...] entendida como processo coletivo e solidário de busca e construção permanentes; e) A explicitação da dimensão sociopolítica da educação e da escola [...]. (VEIGA, 2002, p.83-85)

Assim, o estágio supervisionado se configura como elemento essencial da formação docente na medida, segundo Perelló (1998), que possibilita a concretização da relação "teoria e prática" e da consolidação de saberes para ensinar. Além disso, o estágio tem uma função social: a de integrar o acadêmico no mercado de trabalho, como profissional e como cidadão consciente e crítico.

Sob essa ótica, o professor assume uma postura ativa ante os desafios da profissão. Faz-se necessário, então, que os futuros professores vejam a escola não somente como lugar onde eles irão exercer suas atividades profissionais, ou seja, numa perspectiva de puramente ensinar ou transmitir informações, mas, também, onde se aprende.

Na concepção de Arroyo (2000), o aluno-professor, ao pensar seu fazer docente deve, primeiramente, mapear suas práticas a partir de uma reflexão sobre as escolhas feitas, as ações desenvolvidas, os conteúdos trabalhados e as avaliações realizadas e, a partir disso, buscar novas posturas e metodologias que favoreçam a aprendizagem dos seus alunos em sala de aula, tornando a relação teoria-prática uma constante. Isso pode ser vivenciado pelo aluno-professor em situação de estágio supervisionado.

Segundo Freire (1986), entende-se que a esse respeito, através da reflexão sobre a prática, surgem novas possibilidades, novas formas de pensar, novas formas de encarar e agir sobre os problemas. Essa reflexão, na formação do professor, é imprescindível porque é refletindo criticamente sobre a prática de ontem, de hoje, que se pode aperfeiçoar a futura prática.

Com o processo de reflexão do professor ainda em foco, é válido ressaltar o que diz este autor:

> A reflexão implica na imersão consciente do homem no mundo da sua experiência, um mundo carregado de conotações, valores, intercâmbios simbólicos, correspondências afetivas, interesses sociais e cenários políticos. Conhecimento acadêmico, teórico, científico ou técnico, só pode ser considerado instrumentos dos processos de reflexão se for integrado significativamente [...] (GÓMEZ, 1995, p. 103).

Por essa lógica, o estágio supervisionado na formação de professores deve possibilitar, ao aluno-professor, a articulação entre conhecimentos teóricos e práticos e o desenvolvimento de habilidades fundamentais à docência: criatividade, autonomia, tomada de decisão e, sem dúvida, reflexão sobre sua atividade docente.

É nessa perspectiva que se aborda, no subtópico a seguir, a importância da pesquisa para o desenvolvimento de uma formação inicial que priorize um profissional reflexivo.

1.3 Prática pedagógica como componente curricular formativo no processo ensino-aprendizagem

A prática pedagógica como componente curricular formativo, em seus aspectos conceituais e legais, é uma atividade curricular obrigatória nos cursos de formação inicial de professores de História que vem se constituindo um campo aberto de investigação. Aborda-se a prática pedagógica como componente formativo numa perspectiva crítico-reflexiva como proposta que articula teoria e prática no percurso da formação docente. O conhecimento teórico, prioritariamente, deve orientar a prática docente. Essa prática precisa ser o núcleo em torno do qual gira o currículo acadêmico, uma vez que o conhecimento acadêmico e teórico só se torna útil diante de problemas concretos.

Nessa direção, para Gómez (1995), o pensamento prático não pode ser ensinado, mas pode ser aprendido. O mesmo autor lembra que a prática deve consistir em um processo de investigação e não um contexto de aplicação de teorias, o que é realçado por Pimenta (2010, p. 92), quando afirma "[...] a prática é considerada mera aplicação ou degradação da teoria". Chama a atenção o que a autora comenta sobre a atribuição da teoria:

> Se a teoria não muda o mundo, só pode contribuir para transformá-lo exatamente como teoria. Ou seja, a condição de possibilidade - necessária, embora não suficiente – para transitar conscientemente da teoria à prática e, portanto, para que a primeira (teoria) cumpra sua função prática, é que seja

prioritariamente uma atividade teórica – na qual os ingredientes cognoscitivos e teleológicos sejam intimamente, mutuamente considerados. (VÁSQUEZ apud PIMENTA, 2010, p. 91).

A relação teoria-prática, com muita frequência, tem sido um elemento presente nas discussões em torno da formação inicial de professor. Para superar o conceito de teoria e prática dentro dos moldes ultrapassados de formação de professor, precisa-se suplantar, focalizando novas metodologias em que a prática não seja o exercício da teoria, mas a pesquisa, a reflexão e a crítica comparativa da realidade com a teoria aprendida, então, os alunos, estagiários de história têm toda uma teoria contextualizada nos sítios arqueológicos que respaldam as novas exigências de estágio na formação do professor explícitas no Brasil. Em FUMDHAMentos (2010) estão contidas pesquisas de alunos em vários seguimentos da educação. Apresenta-se, neste sentido, como temática inconclusa, conforme Sacristán (1999), que considera uma tarefa inabarcável elucidar os problemas das relações entre teoria e prática para se obter uma teoria explicativa do como, do porque e do para que da prática educativa.

Assim, a pesquisa se constitui um momento privilegiado de reflexão da prática educativa, centrando-se numa realidade concreta e histórica. O autor comenta a respeito da postura que o aluno-professor, no estágio, precisa desenvolver:

> [...] um conjunto de condições metodológicas básicas para se ter uma "atitude investigativa" sobre a prática educativa, foi possível identificar quatro que parecem responder às necessidades iniciais dos estagiários, independentemente dos contextos que se inserem. São elas: a observação fenomenológica, o registro das situações, a superação da visão fragmentada dos problemas da escola e a auto percepção como educador. (GHEDIN et al, 2008, p. 70).

A pesquisa não pode dizer o que o professor deve ser na sala de aula, sob pena de se perder na herança do tecnicismo, mas pode fornecer instrumentos para que entenda o que acontece, e assim, tentar modificá-la. Seria uma oportunidade de apropriação, pelo futuro professor, de conhecimentos teóricos e de produção de novos conhecimentos. Outro dado relevante é enfatizado pelo especialista:

> [...] o educador, ao assumir-se como professor-pesquisador, não distancia-se dos problemas reais e alarmantes da escola, mas, pelo contrário, os torna mais próximos na medida em que os toma como objeto de investigação e amplia as formas de compreendê-los. Neste sentido, o professor deixa de ser somente aquele que ensina. Existe sobre ele uma nova e complexa demanda de habilidades, não apenas incorporadas ao processo de ensinar, mas sobretudo às formas de refletir e avaliar este processo. A reflexividade crítica sobre as práticas e as experiências cotidianas da escola adicionada à atividade da pesquisa viabilizam a reformulação da identidade do professor, como profissional e como indivíduo. (GHEDIN et al, 2008, p. 78).

No estágio, o professor investiga problemas reais relacionados à escola, objetivando seu entendimento. O docente assume uma postura ativa e reúne um cabedal de conhecimentos fundamentais não só para o ato de ensinar, mas para a reflexão do processo. Estas discussões são marcadas por momentos nos quais a teoria se sobrepõe à prática, num modelo formativo em que o professor primeiro adquire os conhecimentos necessários à sua atividade profissional para depois colocá-los em prática.

Assim, a teoria é tida como centralidade da formação, a subordinação do aprendizado prático ao teórico. Nele, o futuro professor mantém contato com a escola (espaço de ação docente) ou com outras atividades inerentes à sua profissão, somente no final do processo formativo. Essa ideia supõe compreender que, se o licenciando aprende para algum tempo depois colocar em prática, essa aprendizagem poderá chegar ultrapassada aos seus futuros alunos, tornando-se obsoleta e desmotivadora, dada a condição da mutabilidade presente no contexto social e, por extensão, no contexto da realidade escolar.

Na verdade, este delineamento aponta para o enfoque formativo na prática, em detrimento da teoria. A prática (o saber fazer) ignora a teoria (o saber) como seu suporte e fundamento. Esse modelo esteve bastante presente na formação do professor no Brasil, nas décadas de 70 e 80. Nele, predominava o discurso da racionalidade, da eficiência e eficácia no ensino. O professor era formado para realizar atividades previamente planejadas. Treinado para executar ações embora não contribuíssem para sua construção. A teoria tecnicista da educação emerge nesse contexto.

Nesse modelo educativo, os aspectos instrumentais e o preparo técnico centralizavam o ensino acadêmico, levando o licenciando a uma postura racionalista e mecanicista do ato educativo. Trata-se de um saber fazer desvinculado do saber e do saber ser, é esse o diferencial que as leis e pareceres brasileiro sobre estagio estão a explicitar e explanam-se nesta pesquisa, estagiar nos sítios arqueológicos pondo em prática a pesquisa, a reflexão e a crítica da teoria contextualizada e não desvinculada como era antes. A ideia de que o professor é um prático instaura uma visão limitada de sua ação e do seu conhecimento. Segundo Hérnandez, (1988, p. 4) "a prática sem contexto, sem explicação e sem referenciais que a sustentem não tem mais sentido do que a simples atividade, pois deixa de lado as dimensões educacionais e sociais da ação docente".

O enfoque demasiado na prática docente encerra um esvaziamento dos aspectos socio-culturais que perpassam a atividade docente. Ao professor, faz-se indispensável um "olhar" sobre os aspectos inerentes ao fazer pedagógico. Refletir sobre as relações que se estabelecem no seio da sociedade, poder contextualizá-las, fazer uma leitura reflexiva do que apresenta ser, é parte importante do ofício de educar.

31

Enfoca-se, porém, que a crítica a esses dois modelos está consubstanciada na ideia de que tanto o primeiro quanto o segundo se reproduzem pela dicotomia teoria/prática. Como se fosse possível, no processo formativo de professor, construir uma teoria sem que passasse pelo crivo da prática. Ocorre que a superação desses dois modelos tem sido a tônica e o objeto da maioria dos estudos no âmbito da formação de professores e geram discussões e modificações normativas, a exemplo da prática pedagógica como componente formativo que se fundamenta na articulação teoria e prática no decorrer do processo formativo do professor, dinamizando esse processo, favorecendo a aquisição e a articulação de novos conhecimentos e, igualmente, sua produção e difusão. Uma modalidade formativa que situa o futuro professor em diferentes situações de aprendizagens em consonância com os fins sociais a que se destina. Sobre essa prática pedagógica e sua complexidade, assim discute Veiga citada em Nadal (2007):

> A construção dessa prática, por meio da qual se permite à escola cumprir com seu papel na formação humana e disseminar conhecimentos, pressupõe que um de seus protagonistas seja cuidadosamente considerado – o professor, profissional responsável pela função principal da escola, a função de ensinar. (VEIGA aput NADAL, 2007, p. 18)

De acordo com o especialista, traz-se o entendimento de que o projeto acadêmico de formação de professor articule a teoria à prática, que possua uma base própria de conhecimentos e de competências de tal forma que torne apto o professor para enfrentar com sucesso as situações cotidianas de trabalho, buscando encontrar soluções adequadas para os diversos problemas que podem surgir. Propõe ainda que a formação deve contemplar a autonomia da organização e da gestão de suas atividades profissionais e que o professor seja: "[...] capaz de deliberar sobre suas próprias práticas, de objetivá-las, de colocá-las em palavras, de argumentá-las e de dividi-las com outros." (TARDIF, 2008, p. 33).

Sob tais perspectivas, as instituições formadoras, ao redefinirem o projeto pedagógico de seus cursos, precisam contemplar espaços de vivências acadêmicas que propiciam troca de aprendizagens, conhecimentos e experiências entre futuros professores, professores em exercício e professores formadores, perspectivando assim que o futuro professor mantenha contato com o docente em atividade de ensino, fomentando uma "ponte" entre o que aprende no curso de formação e a prática docente.

Para o professor formador, a inserção do licenciando em seu futuro espaço educativo profissional deve configurar-se como vertente do processo de formação e, independente da sua área de licenciatura existe a extensão além da sala de aula. Para o curso de história, focalizada nesta pesquisa, estagiar em sítios arqueológicos é primordial para que o aluno/professor estando em sala de aula a fim de intermediar uma teoria, tenha conhecimento prático vivenciado numa pesquisa não só de conhecimento teórico, mas, prático, também. Da mesma forma, quando a articulação teoria-prática é realizada no decorrer do curso de formação, os futuros professores criam a correspondência entre o conteúdo a ser ensinado e a vivência no seu espaço profissional. Falar em sítios arqueológicos, pinturas rupestres e artefatos arqueológicos sem ter estado em um sítio arqueológico, com conhecimento unicamente teórico é algo que foge de uma formação condizente para o mundo atual. Na verdade, é como diz Paulo Freire (1996), ao considerar esta dimensão:

> É fundamental que, na prática da formação docente, o aprendiz de educador assuma que o indispensável pensar certo não é presente dos deuses nem se acha nos guias dos professores que iluminados intelectuais escrevem desde o centro do poder, mas, pelo contrário, o pensar certo que supera o ingênuo tem que ser produzido pelo próprio aprendiz em comunhão com o professor formador. É pensando criticamente a prática de hoje ou de ontem que se pode melhorar a próxima prática. (FREIRE, 1996, p. 38-39).

Compreende-se, nessa visão, que a Prática Pedagógica como atividade formativa, proposta nos cursos de formação inicial, notadamente, no curso de Licenciatura em História descrita neste estudo quantitativo, tem como princípio expor, em um só tempo, a teoria do conjunto de conhecimentos específicos integralizado ao currículo de formação de professor, à prática de condições efetivas do trabalho docente.

No Estágio Supervisionado III, Patrimônio Turístico e Arqueológico dos cursos de História no polo de Timon -MA, essa articulação se concretiza através de várias atividades, desde a observação de uma aula ou sua execução, à observação ou participação em um planejamento ou mesmo a vivência em atividades de práticas pedagógicas utilizadas nos sítios arqueológicos do PARNA Serra da Capivara-PI. Isso ocorre quando o aprendiz de professor inicia o curso de formação visando, sobretudo, inserir-se no lócus de sua função, possibilitando compreender as nuances da atividade docente e suas particularidades, ainda no decorrer do processo formativo.

Logo, analisar a teoria na prática é proporcionar certa autonomia ao futuro professor de História, fenômeno que se concretiza ao assumir a ação docente como atividade profissional. Segundo a visão de:

De acordo com o pesquisador, a experiência de aproximar o futuro professor ao seu espaço profissional já é uma realidade consolidada em muitos países, que começou a ser colocada em prática no Brasil, inicialmente pelas:

> [...] tendências da formação de professor ao reconhecer a escola como lócus de formação, depois, pela legislação que começa a sugeri-la como forma de viabilizar a formação do professor. (GUIMARÃES, 2008, p. 686).

Pinturas Rupestres na Toca do Boqueirão da Pedra Furada.
Foto do acervo pessoal da autora

Pinturas Rupestres representando as 3 tradições rupestres – veado – símbolo do
PARNA Serra da Capivara, PI.
Foto do acervo pessoal da autora.

É o que propõe a legislação pátria vigente, disciplinada no art. 7º da Resolução CNE/CP, nº 01/2002, que recomenda às instituições formadoras manterem "[...] interação sistemática com as escolas de educação básica, desenvolvendo projetos de formação partilhada".

Nesse sentido, a importância concedida à Prática Pedagógica como componente curricular, como elemento articulador e norteador da formação inicial do professor, pretende propiciar ao licenciando ser sujeito de experiências, através de uma aproximação gradual com o exercício da docência. A prática pedagógica, assim compreendida, permitirá ao licenciando a capacidade de realizar uma análise crítica das suas ações ainda no decorrer do curso de formação. Atua também como fonte permanente e privilegiada de reflexão e de atuação na formação do futuro professor, além de permitir a ele a compreensão da dinâmica entre construção teórica do conhecimento e prática educativa, também leva o licenciando a desenvolver um excelente Estágio Supervisionado III, Patrimônio Turístico e Arqueológico.

2. Principais vertentes da aprendizagem a partir das aulas práticas no Parque Nacional da Serra da Capivara - Piauí

Este capítulo aborda os processos formativos que se constituem numa apropriação crítica dos saberes docentes a fim de que na prática escolar o professor mobilize tais saberes para um exercício profissional consciente das finalidades da educação e das concepções, dos significados, das aulas práticas e das implicações da ação docente.

2.1 As vertentes da aprendizagem como elemento da prática dos saberes docentes

Discutir a formação e a prática pedagógica do professor, buscando alguns elementos que possam contribuir com a qualidade da educação, a formação profissional do professor, como possibilidade de compreender e exercer criticamente seu trabalho, constitui-se em componente essencial de seu processo de profissionalização e como elemento fundamental da qualidade da prática profissional. Estas precisam ter como preocupação central a apropriação dos conhecimentos próprios da ação docente.

A construção da qualidade do ensino pressupõe uma formação pluridimensional que garanta uma sólida formação geral, para que o professor, ciente das exigências que o contexto em que atua faz e proprietário das competências necessárias à sua ação, ao mesmo tempo possibilitando a construção das competências básicas (reflexão, argumentação, senso crítico, racionalidade prática, criatividade etc.), possa criticamente fazer uso dos saberes docentes. Esses saberes docentes são utilizados como um reservatório de conhecimentos (GAUTHIER et al., 1996) que os professores mobilizam no exercício de sua profissão: o saber disciplinar, o saber curricular, o saber das ciências da educação, o saber da ação pedagógica, o saber experiencial e o saber da tradição pedagógica. Os saberes das Ciências da Educação e da ação pedagógica são considerados como os saberes da formação, pois constituem os conhecimentos transmitidos pelas instituições de formação profissional específicas do professor.

Consideram-se os saberes da ação pedagógica, especialmente, como repertório de conhecimentos sobre o ensino, como objeto central da formação docente, na medida em que constituem o saber-fazer do professor; referem-se ao conhecimento pedagógico sobre os conteúdos, o ensino, a avaliação, a relação pedagógica e envolve os demais saberes. Já os saberes curriculares vão sendo apropriados à medida que o professor desenvolve seu trabalho, no exercício do planejamento, na definição dos objetivos, nas transposições didáticas que realiza.

Tanto o saber experiencial quanto o saber da ação pedagógica são essenciais e este, como saber específico da formação, precisa ser apropriado criticamente pelo professor no processo de formação inicial e contínua, assim como no processo de investigação permanente da própria prática. Dessa forma, o saber da ação pedagógica, representando o saber-fazer do professor que o distingue de qualquer outro profissional, é um saber fundamental de sua formação, o qual assume uma importância epistemológica, prática e política insubstituível para o exercício profissional.

A construção de uma prática reflexiva requer do professor a investigação contínua de seu fazer pedagógico, pela atenção não só ao observável, ao falado e ao escrito, mas também ao não-realizado, ao não-falado e ao não-escrito, que podem indicar limites no processo de aprendizagem dos alunos, na comunicação em sala de aula, nas situações de ensino e de avaliação e na relação pedagógica, cuja competência pode e deve ser construída já na formação docente.

Essa prática reflexiva pressupõe a curiosidade constante do professor para com os alunos, um pensamento ágil e apurado e a sistemática de reflexão permanente sobre o processo ensino-aprendizagem, numa perspectiva de ação-reflexão-ação.Com base nessa concepção de formação e apoiados em autores que vêm trazendo importantes contribuições acerca da avaliação como Luckesi, (1995); Perrenoud, (1999); é que a consideramos como ação crítico-reflexiva, envolvendo ao mesmo tempo questões de ordem técnica, política e epistemológica. Como esse professor pode avaliar de forma crítico-reflexiva se não teve uma formação que envolva a pesquisa, a crítica e a reflexão que, no caso do professor de história, há a necessidade de uma prática em sítios arqueológicos para que ele o aluno/professor tenha essa formação critico-reflexiva? Só com uma aprendizagem situada na cultural, histórica e política que carrega os traços, os valores, os significados atribuídos pelos sujeitos, esse profissional conseguirá intermediar e avaliar.

A interlocução entre professor e aluno que supera a necessidade de controle e exerce a função de acompanhamento sistemático e crítico do processo de aprendizagem tanto busca superar as dificuldades e ampliar as competências intelectuais do aluno quanto melhorar a qualidade da prática docente.

No que se refere à sua dimensão cultural, ao buscar constituir-se enquanto instrumento de aprendizagens relevantes de vários significados e múltiplas intersecções de conhecimentos, os sítios arqueológicos representam uma diversidade cultural. Portanto, pressupõem a pluralidade de formas e de conhecimentos, como inerentes ao processo ensino-aprendizagem, refletindo e intervindo no processo de aprendizagem dos alunos/professor diferenciadamente (Perrenoud, 1999), de acordo com as dificuldades e necessidades individuais.

Em seu aspecto político, a pesquisa reflexiva nos sítios arqueológicos, de forma contextualizada traz uma aprendizagem como processo significativo de apropriação crítica de conhecimentos, diversamente cultural, não seletiva, mas formativa, está intrinsecamente comprometida com o acesso de todos ao conhecimento socialmente produzido, contribuindo com a democratização do conhecimento, FUMDHAMentos (2010).

Dada a importância - política, cultural e intelectual - que o Estágio Supervisionado III, Patrimônio Turístico e Arqueológico almeja ou crítico-reflexiva, efetivamente comprometida com o processo de construção do conhecimento, essa prática assume um papel central no fazer pedagógico, Freitas (1995). Através do estágio, não só se podem compreender as relações entre os diversos agentes desse conhecimento, a organização da instituição, as representações de excelência da instituição como coordenadores de áreas e professores envolvidos na disciplina de estágio, além dos sujeitos envolvidos na transformação, na medida em que efetivamente assumem uma tomada de decisão, a transformação, pois, como finalidade inerente para o aluno/professor.

Na medida em que o estágio tem a finalidade de coletar informações sobre as condições, necessidades e características da aprendizagem dos estagiários, requer uma postura de reflexão permanente do professor/formador sobre a prática educativa, pois implica estar atento e identificar suas dificuldades e progressos, refletir sobre os processos de aprendizagem dos estagiários como um todo e individualmente, além de tomar decisões que subjazem aos resultados. Para que o aluno/professor tenha uma aprendizagem que o leve a uma formação de ação-reflexão-ação, só assim ele estará preparado para ser um intermediador de conhecimentos.

Nesse processo de reflexão sobre a ação docente (Schön, 1992), o professor se sente desafiado pelos questionamentos, atitudes e posicionamentos dos alunos durante as situações de aprendizagem e quanto mais poder de reflexão rápida e aguçada tiver e lançar mão dos saberes profissionais, tanto mais sucesso ele terá no nível de aprendizagem dos alunos. Esse é um pensamento valido para o estagiário e para o aluno de nível básico que será o sujeito da aprendizagem do futuro professor que se encontrar em estágio.

2.2 As aulas práticas no processo formativo e na articulação dos diversos saberes docentes do saber-fazer do futuro professor

As investigações sobre os saberes docentes vêm aumentando significativamente no âmbito da formação de professores, enfatizando-se os saberes experienciais, ou seja, os saberes que são edificados pelo professor na prática pedagógica. Ao defenderem a construção do conhecimento como sendo uma prática também realizada pelos professores, os estudos superam a concepção que entende o professor como um transmissor de saberes.

Segundo Tardif (2002), os saberes docentes são plurais e heterogêneos, visto que são constituídos pela integração de saberes profissionais, disciplinares, curriculares e da experiência.

Neste sentido, o estágio passa a ser considerado como um espaço propício à articulação dos diferentes saberes docentes. Assim, Santiago e Batista Neto (2000) sugerem o estágio como base estrutural para a formação do professor. Segundo esses autores, a interdisciplinaridade deve fazer parte do estágio num trabalho coletivo, existindo a participação tanto dos docentes que trabalham com as disciplinas de conteúdos específicos quanto dos que lidam com as disciplinas de conteúdo pedagógico, assim como a articulação entre os que trabalham com os saberes da formação e os que lidam com os saberes da experiência.

Com a finalidade de viabilizar uma relação entre os dois campos disciplinares na formação docente, para os autores são necessárias medidas administrativas, pedagógicas e metodológicas. Dentre essas medidas, estão:

> A exigência de reorganização da estrutura curricular do curso, de modo que sejam aproximados os componentes curriculares e o olhar para a instituição escolar,

fundamentando a observação, discussão e análise a partir do corpo teórico do curso de formação de professores;

Necessidade de formação de grupos de trabalho ou equipes de professores por campo de conhecimento ou área de ensino [...];

O trato à prática de ensino, enquanto componente na organização curricular como tempo de formação, com visibilidade na organização da carga horária dos cursos e das instituições, evitando atitudes espontaneístas e secundarização desse conteúdo formado e de intervenção pedagógica [...]. (SANTIAGO BATISTA NETO, 2000, p. 7).

Com a postura dessas medidas, torna-se possível uma discussão interdisciplinar, evitando o afastamento entre as disciplinas teóricas e disciplinas práticas, bem como evitando a fragmentação no interior do curso de formação.

A condição de construtor de saberes é assumida pelo professor, que abandona a condição de transmissor, numa relação que considera os saberes como o núcleo vital do fazer docente.

Assim, o estágio supervisionado, inserido num processo que inclui os saberes docentes heterogêneos e plurais, constitui-se, de acordo com Monteiro (2000), num espaço para a atividade crítico-reflexiva, em que ocorre a articulação entre os diferentes saberes, com o objetivo de criticar o trabalho realizado, fazer a avaliação ou elaborar as atividades de ensino.

Ao classificar os saberes da docência em saberes da experiência, saberes científicos e saberes pedagógicos, Pimenta (1999) pontua que ocorre uma fragmentação entre esses saberes na formação docente. A referida autora sugere que se considere a prática social como ponto de partida e de chegada da formação docente, ou seja, o saber-fazer do futuro professor não pode ser constituído senão a partir do próprio fazer, com o objetivo de superar a fragmentação e realizar uma ressignificação de saberes.

Sob esse enfoque, o estágio supervisionado também se constitui como oportunidade para superar essa fragmentação através da dinâmica

43

reflexão-ação-reflexão, onde os diversos saberes docentes vão sendo construídos, num processo que engloba a forma como o indivíduo compreende esses saberes, bem como os aspectos relacionados à sua construção, sendo eles construídos no interior da instituição acadêmica ou nas vivências diárias.

Torna-se importante destacar que os conteúdos estudados exercem função relevante nesse processo. No entanto, eles precisam ser significativos, de forma que possuam consonância com o contexto real para que seja possível ao professor em formação estabelecer uma relação entre os saberes edificados no decorrer do curso e os saberes que serão experiência dos na prática. Assim, a socialização de experiências adquire importância, de forma que oportunize que sejam reconhecidos outros saberes fora o do professor, confirmando o que diz o autor:

> [...] aprender é uma construção de si que só é possível pela intervenção do outro – reciprocamente, ensinar (ou formar) é uma ação do outro que só tem êxito se encontrar o sujeito em construção. (CHARLOT, 2001 p. 26-27).

Nesse sentido, o estágio viabiliza ao estudante aprender de uma forma mediada pelo aluno da escola-campo de estágio onde está sendo realizada a experiência prática, nesse caso os sítios arqueológicos do PARNA Serra da Capivara-PI.

Nessa perspectiva, Tardif (2000) adverte para que não ocorra a dicotomia entre o conhecer e o fazer, de forma que não sejam elaboradas "receitas" a serem aplicadas numa realidade concreta. Afirma, ainda, que esse modelo dicotômico constitui-se como uma prática falida, devido às constantes mudanças pelas quais passa a realidade.

O autor pontua que é necessário extinguir esse modelo de formação docente, pois em quase nada contribui para a construção da identidade do professor, que requer um trabalho de construção de saberes alicerçado sobre ações que viabilizem mudanças no contexto real. A prática é única, mesmo que se tenham vários grupos de turmas de história em estágio supervisionado III nos sítios arqueológicos, cabendo a cada grupo, pesquisar, refletir e criticar o conhecimento aprendido e apreendido. No estágio, a subjetividade torna a formação ímpar dissociando-se da uniformidade.

O estágio supervisionado pode ser um momento de redirecionamento dos saberes da prática docente, quando oportuniza que o futuro professor tome consciência da própria aprendizagem. Compreendendo os saberes da docência como plurais e heterogêneos, vale enfatizar que o estágio supervisionado constitui-se como estratégia para que ocorra uma articulação entre os diferentes saberes, sendo que esse momento é oportuno para a elaboração teórica e para a renovação das práticas, de forma que ocorra uma integração entre o conhecimento teórico e o trabalho real, indicando uma alternativa eficaz para a situação de falta de articulação entre teoria e prática que se faz presente na formação docente.

O tipo de conhecimento exigido e esperado do professor é aquele que ultrapasse os limites da estrutura institucional, abre-se para outras áreas e formas de conhecimento, integração, complementação para melhor compreender o que está acontecendo no mundo e com a humanidade e seus fenômenos, exigindo um conhecimento multi ou interdisciplinar que melhor explique os fatos e respostas aos problemas atuais.

A formação dos profissionais em docência em nosso tempo passa a exigir um docente com outras atitudes, outras posturas e outras competências. Com isso, a formação pedagógica do docente coloca-o a refletir sobre o cenário de formação desses profissionais da educação, tornando-se necessárias as práticas pedagógicas inovadoras no ensino superior, seja porque novos paradigmas curriculares se apresentam para o curso de graduação, seja porque adquirem força maior as chamadas metodologias ativas. São prerrogativas do Estágio Supervisionado III, Patrimônio Turístico e Arqueológico, o uso de metodologias ativas para que haja o conhecimento através de práticas e não se atenham apenas como repassadores de técnicas.

O cenário do ensino superior no Brasil alterou-se significativamente, com os recursos tecnológicos, produção de conhecimento e da pesquisa que antes eram privilégios do ambiente universitário, passam a ser compartilhados por outros espaços como laboratórios, empresas, institutos de pesquisa não necessariamente vinculados à universidade, como é o caso de estágios em sítios arqueológicos.

As práticas aqui utilizadas mostram avanços na construção de uma cultura em estágio que privilegia a análise da aprendizagem em seu processo de construção, mediante práticas docentes que se constroem e se consolidam em relação com as novas possibilidades conhecidas a partir da experiência de formação. De outro modo, algumas práticas e saberes construídos ao longo da experiência docente superior e que refletem perspectivas de estágios desvinculados da realidade que ainda são resistentes, mostram o caráter ambíguo que o processo de construção da ação docente sofre, em virtude da multidimensionalidade de que se reveste a prática no estágio. No entanto, alguns avanços são percebidos ao longo da pesquisa, mostrando uma repercussão mais efetiva dos processos formativos sobre a construção do saber através de elementos da prática do docente do ensino superior. De acordo com o especialista:

> [...] a formação tende a articular-se em primeira linha com os objetivos do sistema, nomeadamente com o desenvolvimento da reforma. É uma visão inaceitável, uma vez que não concebe a formação contínua na lógica do desenvolvimento profissional dos professores e do desenvolvimento organizacional das escolas. (NÓVOA, 1992, p. 39).

Os planos de ensino são uma referência no exercício docente do professor universitário, quando as competências e habilidades indicadas em seus objetivos de ensino são trabalhadas e avaliadas, pois, tanto no âmbito do ensino concebido quanto no vivido há uma predominância de habilidades mais simples.

Os avanços no estágio supervisionado são observados tomando-se por base práticas significativas ao estagiar em sítios arqueológicos. Essas práticas são representadas pela sistemática permanente de acompanhamento nos sítios arqueológicos, com estratégias diferentes, seja inserindo os acadêmicos nos locais de escavações,seja formando grupos para limpeza de artefatos, ou mesmo a simples observação de trabalhos de especialistas na área da arqueologia leva a desempenhos na construção do conhecimento ímpar.

Assim, constituem-se como práticas inerentes ao processo de aprendizagem, que têm um compromisso efetivo com os seus avanços e com a superação das dificuldades.

São práticas que constituem saberes construídos na experiência docente, importantes na estruturação da qualidade do ensino, referendados na formação e que precisam ser objeto de reflexão por parte do professor para que este possa estabelecer novas estratégias e atribuir novos significados à ação do estágio supervisionado.

Há uma dificuldade de definir e construir efetivamente a aprendizagem de competências relevantes, significativas para a formação dos alunos/professor; o essencial – a capacidade de refletir e de aprender com autonomia, de analisar, de criar, de estabelecer relações significativas – se perde diante do mecanicismo, do treino e da memorização, práticas muito utilizadas no Estágio Supervisionado III, Patrimônio Turístico e Arqueológico.

Para Caldeira (2000), o professor será, assim, interventor, dinamizador, facilitador e organizador de todo o processo educativo:

> Interventor, na medida em que induz à mudança de mentalidades, de atitudes, de comportamentos e seja motivador de novas aprendizagens; Dinamizador, de pessoas e de grupos no sentido da ultrapassagem de conflitos, problemas e obstáculos, com vista ao objetivo do desenvolvimento integrado de todos e de cada um. Facilitador, de aprendizagens, porque auxiliar de descobertas e potencializador dos recursos disponíveis; Organizador, na medida em que planifica, executa e avalia todo um percurso

de aprendizagens, de execução de tarefas próprias e dos outros, bem como, o desenvolvimento intelectual e físico, no sentido do conhecimento e do ser social. Deste modo, compete-lhe exercer toda a sua influência no sentido de organizar o saber que, muitas vezes, é debitado de uma forma caótica, sem espírito crítico e sem eficácia.(CALDEIRA, 2000. P. 7).

O professor é alguém que ajuda os seus alunos a encontrar, organizar e gerir o seu saber; alguém que continua a ser um aprendiz, um questionador incansável que nunca toma uma opinião ou perspectiva como última e absoluta: Antunes (2001). A problemática da repetição de práticas arraigadas que não leva à ação-reflexão-ação precisa ser superada para que ocorra a prática da formação. A abordagem investigativa como instrumento de prática, com a necessidade de rever as práticas utilizadas nos estágios supervisionados, é uma das formas para sair das ultrapassadas práticas e ocorra uma mudança de postura.

A formação de uma cultura de estágio baseada na reprodução de práticas ultrapassadas, numa relação dialógica e que seja instrumento de reflexão e de investigação didática sobre o ensino e a aprendizagem é, ainda, um processo em construção para os docentes do ensino superior. Dessa forma, há que se debruçar de forma reflexiva sobre as práticas bem-sucedidas para apreender as concepções, as contradições, os conflitos, as dificuldades que as permeiam e construir novas práticas para o Estágio Supervisionado III, Patrimônio Turístico e Arqueológico, um dos estágios com maior probabilidade de distorção em sua execução, por depender de fatores inerentes à sala de aula.

Artefatos de Pedras, encontrados nos sítios do PARNA Serra da Capivara e expostos no Museu do Homem Americano.
Foto do acervo pessoal da autora

Crânios humanos encontrados nos sítios do PARNA Serra da Capivara, expostos no Museu do Homem Americano.
Foto do acervo pessoal da autora

2.3 O processo formativo na articulação teoria-prática no estágio supervisionado profissional

Segundo Pimenta (1997), a sociedade exige uma educação capaz de preparar o cidadão social, técnica e cientificamente. Assim, ao professor cabe a mediação entre a sociedade da informação e os alunos, visando, por meio da atividade reflexiva, construir um humano que seja produto da sabedoria exigida.

Nesse contexto está o estágio supervisionado, visto ser ele uma das variáveis que interagem nessa formação. Assim, na busca de compreender a concepção atual acerca do estágio, nota-se a tentativa de articular a atividade teórica com a atividade prática.

Já o especialista enfatiza que:

> A produção da década anterior é indicativa dessa possibilidade, quando o estágio foi definido como atividade teórica que permite conhecer e se aproximar da realidade. Mais recentemente, ao se colocarem no horizonte as contribuições da epistemologia da prática e se diferenciar o conceito de ação (que diz dos sujeitos) do conceito de prática (que diz das instituições), o estágio como pesquisa começa a ganhar solidez. (PIMENTA, 2007 p. 44).

Aos alunos-professores é possibilitada uma estreita interação com o seu futuro campo de atuação, caracterizando o estágio supervisionado como um momento fundamental. A formação do professor é favorecida, nesse aspecto, pela vivência nas diferentes situações de ensino-aprendizagem e a apreensão das dinâmicas de interação entre os elementos que compõem a prática pedagógica. Dessa forma, o estágio supervisionado iniciará a preparação do futuro professor para o exercício da atividade docente, de acordo com a forma de organização e o desenvolvimento que os professores e supervisores de estágio lhe atribuírem. É importante ressaltar, ainda, que o estágio deve possibilitar o pensamento prático. Segundo o pesquisador no assunto:

O pensamento prático do professor não pode ser ensinado, mas pode ser aprendido. Aprende-se fazendo e refletindo na e sobre a ação. Através da prática é possível apoiar e desenvolver o pensamento prático, graças a uma reflexão conjunta (e recíproca) entre o aluno-mestre e o professor ou o tutor. (GÓMEZ, 1995 p.112).

Seguindo essa linha de racionalidade prática, o supervisor do estágio deve ser:

> [...] responsável pela formação prática e teórica do futuro professor, deve ser capaz de atuar e de refletir sobre a sua própria ação como formador. Deve perceber que a sua intervenção é uma prática de segunda-ordem, num processo de diálogo reflexivo com o aluno-mestre sobre as situações educativas. (GÓMEZ, 1992, p. 112-113).

Consoante com o paradigma do pensamento prático, o estágio supervisionado é compreendido como um processo de investigação, onde o professor posiciona-se, através de uma atitude de análise, produção e criação, a respeito da sua ação no interior da própria prática, o que nega a relação de neutralidade com a prática, postulado da racionalidade técnica. Através da observação e análise, num processo de vivência e interação profissional com a prática, o professor obtém conhecimento dessa prática (SCHÖN, 1992). Assim, o estágio desenvolve-se de forma a possibilitar aos discentes e professores a interação com as concretas situações de ensino, a fim de que possam fazer uma leitura crítica da realidade escolar e educacional.

Há a necessidade de articular teoria e prática na formação do professor, sendo, desse modo, o estágio supervisionado, elemento importante nessa articulação. Nesse sentido, o estágio, numa perspectiva que visa à superação da dicotomia teoria/prática, é compreendido como uma atividade que é, simultaneamente, prática e teórica.

A prática enquanto subordinada a uma instituição (escola), que tem cultura própria, com finalidades definidas. Teórica por ser uma atividade que busca conhecer, fundamentar, dialogar e intervir na realidade. Concebe-se, portanto, esse componente curricular como uma ação reflexiva, que envolve prática e teoria como aspectos indissociáveis. De acordo com essa compreensão, o autor afirma que:

> A teoria será permanentemente confrontada com o concreto social/escolar, e este será olhado a partir da teoria, recuperando-se a unidade dialética teoria-prática. Mas apreender o real exige mais do que o olhar da Filosofia, Sociologia, Psicologia ou Antropologia. Exige a articulação das diferentes áreas do conhecimento na interdisciplinaridade, redefinindo método e categorias. (ALVES e GARCIA, 2002, p.77).

Sob essa ótica, o estágio supervisionado torna-se relevante por ser a oportunidade de o discente/professor, ao adentrar o campo de estágio, confrontar-se com esse concreto, percebendo-o com o embasamento teórico, ao tempo em que esse embasamento vai sendo reelaborado com a reflexão acerca da realidade.

A perspectiva que compreende o docente como prático-reflexivo considera a atividade docente como profissão. O profissional realiza ações intelectuais, no interior da sua profissão, autonomamente. Assim, o professor, através da reflexão sobre sua prática (SCHON, 1995), vai elaborando um saber da experiência em evolução (TARDIF, 2002). O estágio supervisionado geralmente forma o prático. Porém, desde que seja desenvolvido na perspectiva reflexiva, o estágio pode estar no âmago da profissionalização de professores reflexivos (PAQUAY; WAGNER, 2001). O estágio supervisionado é, nesse sentido, desenvolvido para buscar um saber da experiência teorizado que oportunize a análise de situações, analisarem-se, na situação, a avaliação dos mecanismos e a produção de processos inovadores.

Nos últimos anos, a formação do professor crítico-reflexivo passou a merecer maior destaque no meio educacional. Isso significa que o professor deve estar preparado para a atividade reflexiva sobre a ação pedagógica que realiza na sala de aula ou no âmbito da instituição escolar como um todo. É necessário que ele tenha gosto pelo estudo e que busque a atualização teórico-pedagógica. De acordo com Freire (1996), é esse gosto pelo estudo, pelo conhecimento, pela ação crítico-reflexiva que supera a curiosidade ingênua e faz com que o docente torne-se epistemologicamente curioso. Segundo esse autor, a curiosidade ingênua associa-se ao saber do senso comum, enquanto a curiosidade epistemológica aproxima-se do objeto cognoscível, criticizando-o, embora ambas tenham a mesma essência.

Existe a necessidade da formação de um profissional que seja competente nos aspectos teórico e prático. Essa formação deverá ser composta por conhecimentos específicos e pedagógicos que favoreçam a compreensão da ação educativa para a assunção de novas práticas pedagógicas dentro de uma postura crítica, produzindo uma ciência pedagógica fundamentada teoricamente.

3 As contribuições das aulas práticas para formação de professores em História

Falar na formação do professor, neste início da segunda década do século XXI, é muito importante, porque neste contexto estão inseridos os que fazem a nova era de professores. Os fatos contemporâneos ligados aos avanços científicos e tecnológicos, à globalização da sociedade, trazem novas exigências à formação de professores de todo o Brasil, seja da velha ou da nova geração. Os professores precisam estar em constante aperfeiçoamento. Libâneo (1999. p. 77) fala que o professorado, diante das novas realidades e da complexidade de saberes envolvidos presentemente na formação profissional, precisaria de formação teórica mais aprofundada, capacidade operativa nas exigências da profissão, propósitos técnicos para lidar com a diversidade cultural e a diferença, além da indispensável correção de salários, das condições de trabalho e exercício profissional.

As faculdades, neste início de milênio, deveriam apresentar respostas educativas e metodológicas em relação às novas exigências de formação postas pelas realidades contemporâneas, como a superinformação, o relativismo ético, a consciência ecológica. Pensar num sistema de formação de professores, diante da realidade em transformação, supõe, portanto, reavaliar objetivos, conteúdos, métodos, formas de organização de ensino. A filosofia do governo é anunciar inovações, porém, a realidade do professor é outra. Sente-se isso de fato, porque se faz parte deste quadro.

3.1 As teorias capazes de demonstrar a prática na formação dos professores de História

Os futuros professores de História precisam, antes de tudo, ser pensadores reflexivos e, isso vem sugerir um caminho didático para a formação de professores: refletir primeiramente sobre a prática pedagógica da qual o docente é sujeito, para então, apropriar-se da teoria capaz de demonstrar a prática conservadora e apontar para construções futuras, a saber: o velho, cimentando os conhecimentos futuros, pois o professor não pode desconsiderar os saberes de experiências feitas pelo aluno, visto que sua explicação do mundo de que faz parte traduz a compreensão da própria presença no mundo. Por isso, o professor precisa cada vez melhor executar suas leituras do mundo, para saber fazer a intermediação entre o velho e o novo.

O professor precisa ter consciência da importância de sua função. Ele não pode perder a dimensão de que a escola é o lugar da ampliação da experiência humana, o lugar em que se constrói conhecimento, com o uso das diversas linguagens e imaginação. Porém, isso só poderá ocorrer com o seu "saber fazer", razão da relevância de o estágio supervisionado em arqueologia ser realizado em sítios arqueológicos, utilizando-se práticas condizentes com a sua formação, pois:

> O professor, responsável direto pelo cotidiano da sala de aula, apresenta-se, então, como mais ou menos qualificado para exercer sua função, com maior ou menor autonomia e controle sobre o seu processo de trabalho. (ENGUITA, 1999, p. 232)

Qualificado, é o professor que possui conhecimento, o saber pedagógico e tem compromisso com o processo de ensino-aprendizagem. Acredita-se que os cursos de licenciaturas devam investir cada vez mais na qualificação dos seus professores e alunos/professores, para que estes entendam o "saber fazer" de maneira contextualizada; para que estes tenham competência para saber agir na sala de aula, ter habilidades comunicativas, domínio da linguagem informacional, uso dos meios de comunicação e articulação das aulas com mídias e multimídias que, enfim, tenham as técnicas do "Saber Fazer".

O trabalho docente e as licenciaturas estão interligados, já que o sucesso do trabalho depende de uma boa formação e de um saber bem elaborado que corresponda às exigências e às expectativas da sociedade. Mas, desenvolver um trabalho docente que corresponda aos ideais sociais requer do profissional da educação uma ampla visão sobre as constantes mudanças educacionais, assim, o professor deve ter em sua formação a participação em atividades relacionadas à pesquisa, leitura, atividades que o façam refletir e questionar informações e práticas, que o levem a entender a produção do saber, de modo a tornar sua prática educativa significativa.

No processo de formação, o professor busca continuamente o conhecimento, pois, ao produzi-lo, torna-se ora objeto, ora sujeito, assim como as diferentes formas de apropriação do saber. Desse modo, ele traça um caminho contínuo e não linear, estando sempre em movimento, na medida em que o olhar do sujeito modifica o objeto e este, por sua vez, possui diferentes modos de analisar as verdades encontradas.

O professor, ao elaborar e reelaborar conceitos, práticas de ensino e métodos de acordo com a realidade de seus alunos, evidencia o conhecimento adquirido ao longo da sua formação.

A escola, como parte de um contexto social marcado pelas contradições, precisa ceder espaço para a formação do professor, e o acompanhamento do quadro mutante exige maiores proporções no exercício da democracia, da participação do professor na tomada de decisões que afetam diretamente sua prática pedagógica. Nesse caso a formação do professor, à luz da proposta apresentada na LDB 9394/96, pode ser entendida como busca de espaço para a emancipação do trabalho docente.

O início deste milênio aponta um panorama educacional que apresenta mudanças significativas com os PCNs e a LDB 9394/96, e estes evidenciam um novo paradigma urgente diante de uma sociedade que também está atravessando um quadro de informações sociais, econômicas e principalmente tecnológicas, exigindo do homem uma resposta neste contexto de mudanças contínuas. Cabe a esse homem, adequar-se ao "novo", o que só poderá ocorrer através da educação. Então, a educação precisa ser repensada e avaliada sem perder de vista a escola, no seu papel como instituição necessária ao processo de construção do conhecimento. Nesse sentido, Alessadrine (2001), ressalta que:

> [...] o panorama da educação no Brasil demanda a necessidade de se estabelecer uma prática mais reflexiva, podemos inclusive dizer com enfoque Psicopedagogia abarca as questões técnico-científicas tanto sob o ponto de vista da pedagogia quanto da psicologia – que qualifiquem o profissional da educação, possibilitando o rompimento do antigo modelo educacional tradicional. (ALESSADRINE, 2001. p. 160).

O trabalho com o desenvolvimento de compromisso de competências favorece esse rompimento e propõe um novo "saber fazer". Na considerada década de educação a questão da formação do professor se faz presente em atividades como: debates, seminários, cursos, entrevistas. Entretanto, pode-se perceber que as respostas postas em prática não são suficientes para que o profissional inserido neste contexto desempenhe seu papel de maneira efetiva, crítica e consciente de sua práxis pedagógica.

Para que ele seja um agente de transformação, é preciso manter aceso o desejo de aprimoramento, como profissional, estabelecendo estratégias que possibilitem o desenvolvimento de suas competências. Aprendendo a ver com olhos observadores e reflexivos, a escutar o discurso que está sendo dito, a ler e a sentir o que está presente nas entrelinhas do texto gestual ou escrito, o educador torna-se capaz de desenvolver uma nova consciência que lhe permita ver o tácito e o implícito na sua formação continuada, para ter uma visão ampla do mundo globalizado e saber propor através dos PCNs a interdisciplinaridade em sua prática cotidiana na sala de aula, podendo interferir e transformar as condições da escola, educação e sociedade.

Percebe-se que os cursos de formação de professores apontam para novos caminhos que revelam uma ruptura com as práticas tradicionais e avançam em direção a uma ação pedagógica interdisciplinar voltada para a aprendizagem do aluno-sujeito envolvido no processo não somente com seu potencial cognitivo, mas, com todos os fatores que fazem parte do ser unitário, ou seja, também, os fatores afetivos e sociais.

Assim, a formação não pode ser dissociada da atuação, nem do limitar a dimensão pedagógica ou a uma reunião de teorias técnicas. A formação e a atuação de professores são um processo que inter-relaciona as dimensões técnicas, políticas e sociais, junto ao domínio metodológico e a ação pedagógica no sentido de refletir, compreender e transformar essa ação.

Segundo Perrenoud (1997), a formação do professor é fundamentada a partir de experiências vivenciadas no cotidiano da profissão docente que interferem diretamente na prática pedagógica, desde a formação inicial até o exercício contínuo do magistério em sala de aula. Entendendo-se que as práticas pedagógicas estão articuladas ao contexto social em que a escola se apresenta, na medida em que ela é um dos segmentos sociais do seu meio é processado o ato de educar, formando a ação educativa como intencional. Assim, nos termos da LDB nº 9394/96, no que se refere à Educação Profissional do Professor, delineia-se que:

> A educação profissional, integrada às diferentes formas de educação, ao trabalho, às ciências e a tecnologia, conduz ao permanente desenvolvimento das aptidões para a vida produtiva. (BRASIL, LDB, 1996, Art. 39).

As discussões em torno da formação inicial têm trazido à tona a qualidade de ensino. A literatura da área evidencia um certo consumo quanto à fragilidade e às limitações dos processos iniciais de formação de professores que tem sido construída de acordo com os condicionantes que interferem diretamente no processo de construção social.

Para Kincheloe (1997), existe uma mensagem implícita na educação tecnicista do professor na pesquisa positivista que sustenta e nos movimentos de reformas governamentais que dividem os mesmos pressupostos epistemológicos. Esta mensagem é a de que os professores devem fazer o que se diz para fazerem, devendo ser cuidadosos, eventualmente pode tornar apáticos os professores que perdem o interesse pelos aspectos criativos do ensino, os quais os teriam originalmente atraído para a profissão.

3.2 A importância da evolução dos conhecimentos dos professores de História para desenvolver sua prática com eficácia no processo ensino-aprendizagem

Percebe-se que o professor que não acompanha a evolução dos conhecimentos fica impedido de desenvolver sua prática com eficácia. Considerando-se tamanha exigência por parte de todo o sistema e que hoje enquanto sujeito ativo do processo ensino-aprendizagem é capaz de intervir e construir nesse processo, uma vez que se encontra interligado com os diversos meios de informações, o que vem, de certa forma, acentuar sua bagagem de conhecimento, torna-se um agente passivo e obediente ao sistema corporativista, uma vez que os cursos de formação para professores estão voltados para as teorias pré-estabelecidas pelo sistema. A ampliação dos conhecimentos se inicia com a graduação, e o professor nunca poderá parar de buscar novos conhecimentos para atender às exigências que o sistema lhe impõe. Nesse sentido, Menezes ressalva que:

[...] a formação permanente é um processo contínuo que começa nos estabelecimentos de formação inicial e que prossegue através das diversas etapas da vida profissional dos professores. (MENEZES, 1996, p. 159).

A prática profissional dos professores não pode ser concebida como um processo cumulativo de informação e conhecimento, pois tem sua gênese na formação inicial e se prolonga por toda vida profissional de professor e ajuda no desenvolvimento das competências políticas, técnicas e humanas com o objetivo de melhorar sua prática.

As pesquisas sobre formação e prática profissional docente apontam para uma revisão da compreensão da prática pedagógica do professor, que é tomada como mobilizadora de saberes profissionais. Considera-se, assim, que este, em sua trajetória, constrói seus conhecimentos conforme a necessidade de utilização dos mesmos, suas experiências, seus percursos formativos e profissionais. E, dentro dessa perspectiva de formação do professor de história, estagiar nos sítios arqueológicos é uma das vertentes na trajetória de sua formação que o levará à ação-reflexão-ação.

O professor precisa mostrar, a si e à sociedade, que tem a capacidade de perceber, observar, refletir e sistematizar as experiências apresentadas por seus alunos, pois ser professor é viver constantemente se identificando com o "saber fazer" e estar engajado na reformulação da escola, apresentando propostas educativas metodológicas, visando atender às novas exigências da formação postas pelas realidades contemporâneas: com a super-informação, o relativismo ético e a consciência ecológica, saber trabalhar a transversalidade e a contextualização. Mas, para que isso se torne realidade, é necessário que ele esteja em permanente formação continuada. Assim diz Ramos (1991:83): "Quanto a prática profissional visa ao acompanhamento e atualização de professores que já militam no ensino".

Percebe-se, ao rastrear os objetivos da formação contínua dos professores, que é nítida a compreensão, quase hegemônica, de que essa formação tem, como responsabilidade última, contribuir para a melhoria das competências profissionais dos professores e, fundamentalmente, para a melhoria da qualidade do ensino e da educação. Esses dois grandes objetivos trazem à tona, quando se busca a melhoria das competências profissionais do professor por intermédio do investimento na formação contínua desses profissionais, o sentido de que sua prática profissional é obsoleta, disforme, insuficiente, cuja deficiência radica-se nas convicções de que a formação inicial recebida e o desenvolvimento do exercício do magistério são geradores de uma prática profissional limitada, desatualizada e responsável pela diminuição da qualidade do ensino e pela baixa aprendizagem dos alunos, justificada pelo insucesso escolar.

Assim entendida, a formação constitui não só um processo de aperfeiçoamento profissional, mas também um processo de transformação da cultura escolar, em que novas práticas participativas e de gestão democráticas vão sendo implantadas e consolidadas. Nesse sentido, Kincheloe (1997, p. 87) diz que a formação de professores reflexivos configura um projeto emancipatório.

Nota-se, no entanto, que essa emancipação não é fácil de acontecer, uma vez que existe certa resistência a mudanças tanto por parte de alguns professores quanto pelo sistema que ainda está atrelado às burocracias. Isso foi percebido no momento dos estágios supervisionados em arqueologia e museologia do curso de história, quando os professores dessas disciplinas mantêm-se na inércia, na mesmice da teoria e repasse de sala de aula, onde o adequado é inserir esses alunos/docentes em sítios arqueológicos e museus para que vejam, manuseiem, reflitam e critiquem, assim tornar-se-ão professores com ação-reflexão-ação.

Pensar num sistema de formação de professor supõe, portanto, reavaliar objetivos, conteúdos, métodos, formas de organização de ensino, diante da realidade em transformação, pois, além das teorias, o professor deve ter um olhar abrangente para o contexto educacional e saber conduzir de maneira interdisciplinar os aspectos que envolvem a formação do homem reflexivo, crítico, questionador e com autonomia para, através do saber, interagir, modificar o seu meio, trazendo para si novos conhecimentos, pois enquanto constrói o mundo, está autoconstruindo-se.

Observa-se que está em baixa o senso de profissionalismo, uma vez que o aluno entra na profissão sem o compromisso pedagógico, sem uma bagagem cultural para reparar aos estudantes. Infelizmente, a sociedade recebe cada vez mais profissionais descompromissados da responsabilidade de seu importante papel na construção do conhecimento.

Segundo Pimenta (1999), as investigações sobre o professor reflexivo, ao colocarem os nexos entre formação e profissão como constituintes dos saberes específicos da docência, bem como as condições materiais em que se realizam, valorizam o trabalho do professor como sujeito das transformações que se fazem necessárias na escola e na sociedade.

O que sugere o tratamento indissociado entre formação, condições de trabalho, salário, jornada, gestão, currículo. Essa perspectiva apresenta um novo paradigma sobre formação de professores e suas implicações sobre a profissão docente.

É sabido que a formação do educador tem se convertido numa área crescente de preocupações e interesses. É uma temática que está sempre na ordem do dia, vinculando-se a um repensar a escola e o trabalho pedagógico, nos múltiplos espaços em que esse profissional possa atuar.

A formação de professores tem, desse modo, se constituído em ponto "modal" para reflexões, à medida que recai, sobre esse profissional, parte da responsabilidade da formação do educando, das exigências e desafios que vêm se apresentando no contexto educacional, impondo-lhe os encargos não só de formar, mas de formar-se como homem e como cidadão, ser individual capaz de realizar-se como pessoa, também ser social que se identifica com seu grupo, num dado contexto histórico.

Trerrien (1995) salienta o quanto os estudos sobre a formação do processo ainda persistem numa dissociação entre a formação e a prática cotidiana, não enfatizando a questão dos saberes da experiência.

Esses saberes são transformadores e passam a integrar a identidade do professor, constituindo-se em elemento fundamental nas práticas e decisões pedagógicas, sendo, assim, caracterizados como um saber original. Essa pluralidade de saberes que envolvem os saberes da experiência é tida como central na competência profissional, oriunda do cotidiano e do meio vivenciado pelo professor. Segundo o autor:

> Esses saberes da experiência que se caracterizam por serem originados na prática cotidiana da profissão, sendo validados pela mesma, podem refletir tanto a dimensão da razão instrumental que implica num saber-fazer ou saber-agir tais como habilidades e técnicas que orientam a postura do sujeito, como a dimensão da razão interativa que permite supor, julgar, decidir, modificar e adaptar de acordo com os condicionamentos de situações complexas. (TRERRIEN,1995, p. 3).

Percebe-se que o professor inserido no contexto social, neste início do século XXI, tem sua prática associada às informações do mundo globalizado, no entanto, não deve deixar de considerar os conhecimentos adquiridos por seus alunos ao longo de suas vivências do mesmo modo que em sua formação apresente sempre uma relação direta da teoria com a prática, considerando ainda sua bagagem de experiências, visto que é a partir do velho que se constrói o novo.

Vale ressaltar quanto é importante afirmar que é necessário garantir a qualidade da formação dos professores. Tal proposição implica desafios constantes à educação, exigindo do trabalho pedagógico outro patamar profissional, onde esta formação seja compreendida em sua dimensão técnica, política e cultural pautada na função social desse professor perante o contexto da diversidade cultural dos alunos e da desigualdade social estabelecida que caracterizam a sociedade, contribuindo para o real desenvolvimento do educando.

Nota-se que o processo de formação do professor deve ser concebido numa perspectiva de totalidade, visto o contexto recortado pela sociedade em processo de transformação. Exige-se cada vez mais o desenvolvimento acentuado de competências e habilidades que desafiam os processos pedagógicos de aprendizagem, a serem mais inovadores e rápidos, porque os custos envolvidos com a presença do aluno na escola são fatores de relevância no Estado e na sociedade em geral. Assim, a racionalidade presente no contexto de formação do professor tem sido objeto de considerável importância nas discussões acadêmicas favoráveis à construção da profissão docente.

Segundo Perrenoud (1997), é com o tempo que as coisas se degradam, que os atores reinvestem as suas preferências e os seus interesses, que elaboram a partir das opções do sistema, um compromisso humano aceitável, muitas vezes funcional, mas cuja lógica se torna obscura. Assim, o constante refletir sobre a sociedade leva a considerar o processo de formação do professor como um ato contínuo, pautado no constante refletir sobre as ações presentes no cotidiano da escola, da sala de aula e das configurações apresentadas na sociedade em que as mudanças ocorrem, e o professor não é um sujeito isento dos seus efeitos, especialmente porque ele é o agente condutor do processo educativo na escola, de modo que, efetivamente em sua contribuição profissional permanente, a reflexão sobre a prática pedagógica deve ser exercitada e discutida.

Desse modo, pode-se dizer que o professor tem um espaço de decisões mais imediato — a sala de aula. Tal espaço precisa, na verdade, ser ocupado ou mesmo percebido pelo professor. Este, muitas vezes, apresenta um comportamento pragmático — utilitário não como decorrência da divisão do trabalho na escola, mas por limitações vinculadas à sua qualificação e às condições de desenvolvimento de seu trabalho, impostas, principalmente, por uma política educacional que desvaloriza o professor e desrespeita o principal elemento da educação — o aluno.

Não se trata, pois, de acreditar que a qualificação docente pode, isoladamente, assegurar um ensino de qualidade. Ao contrário, acredita-se que uma política de democratização para o docente, que tenha como um de seus objetivos o ensino de qualidade, necessita, também, do professor de qualidade. Este deve ser buscado no aproveitamento dos que aí estão por meio de sua formação contínua e também do investimento na formação de novos professores. Hoje, a formação do professor já caminha para uma consciência crítica mais acentuada, existindo a possibilidade de flexibilizar a construção de um currículo inovador, emancipando o professor das correntes filosóficas antigas que se arrastam por séculos, fazendo deste um ser passivo ao conformismo.

Diante de uma realidade social concreta, que considera as discussões acerca da ação educativa, compreende-se que a educação não é neutra e que é preciso assumir a natureza política do ato educativo, impõe-se a necessidade de investimento na formação do professor.

Formação entendida não só no que trata a formação inicial e acadêmica, mas principalmente a formação continuada, na perspectiva de um educador como profissional que compreende pela ação-reflexão de sua prática pedagógica, que avança o individualismo e configura-se no diálogo com seus pares, na coletividade.

Evidentemente, não se pretende direcionar todos os problemas da docência no aspecto político da formação do professor, como se, através desta, tudo se justificasse e compreendesse. Entretanto, é fundamental ressaltar a natureza política do ato educativo como mediador da dimensão técnica, haja visto que não se pode omitir o rigor científico do conhecimento sistematizado, que é uma atividade eminentemente política. Segundo o pesquisador, há diversos indicadores que se referem à pratica do ensino:

> O avanço contínuo das ciências e a necessidade de integrar novos conteúdos impõem uma dinâmica de renovação permanente, em que os professores têm de aceitar mudanças profundas na concepção e no desempenho da sua profissão. É preciso evitar o desajustamento e a desmoralização do professorando, bem como o crescente mal-estar docente, pois um ensino de qualidade torna-se cada vez mais imprescindível (NOVOA, 1992, p. 98).

Percebe-se que o professor não pode ser culpado e nem ser considerado responsável por não acompanhar as mudanças que acontecem no sistema educacional, sendo necessário que se faça uma análise das circunstâncias em que são processadas, repensando o seu papel diante delas, não se distanciando nem se isolando diante das dificuldades apresentadas, já que não é o único envolvido no sistema.

Embora os sistemas educacionais tentem adaptar-se aos novos tempos, introduzindo diversos tipos de mudanças, por exemplo: alterações nas matrizes curriculares, nas metodologias de trabalho, no planejamento, na estrutura física entre outras. Com a pretensão de que os professores acertem e utilizem em seu trabalho as mudanças estabelecidas, percebe-se que tais mudanças distanciam-se da prática do professor e do seu conhecimento pelo fato de refletirem o pensamento da cúpula do sistema e dos especialistas envolvidos, ainda que a Lei de Diretrizes e Bases da Educação nº 9394/96 deixe claro no artigo 13 "Da Organização da Educação Nacional":

> Estabelece incumbências dos docentes, dentre as quais o de "participar da proposta pedagógica do estabelecimento de ensino", elaborar e cumprir seu planejamento, vinculando a jornada de trabalho a todas as atividades da escola. (BRASIL, LDB, 1996, Art. 13).

Em virtude de a maioria dos professores não estarem envolvidos diretamente em todo processo de mudança, os mesmos tornam-se inoperantes e insignificantes para serem aplicados na prática do dia a dia.

O distanciamento do professor no processo de elaboração do planejamento nunca perspectiva participativa e democrática concebe-o apenas como um mero executante das ações e decisões estabelecidas pela escola, e nesse aspecto ele torna-se um ser coisificado, apenas constituindo-se na engrenagem do sistema que leva o saber ao aluno.

Contudo é necessário, no processo de formação do professor, possibilitar a construção de sua consciência emancipatória na escola, considerando que existem vários eixos articuladores na sua formação que precisam ser incorporados em sua prática, por intermédio de sua capacidade de reflexão crítica e analítica, rompendo com a rotina e o conformismo na construção do conhecimento.

Considera-se que aconteçam mudanças nos processos de formação de professor, já que se torna cada vez mais influenciado pelas informações sensoriais, tendo como um dos grandes desafios, para o educador contemporâneo, transformar essa gama de informações em conhecimento, integrando-o em um novo contexto.

Para Assmann (1998, p.25), o mundo hoje caminha em todos os aspectos pelo conhecimento, e o poder cognitivo do homem precisa estar preparado para entender a complexidade de informações e a quebra dos paradigmas científicos, ou seja, o homem tem que saber confrontar seu poder cognitivo com as informações tecnológicas.

A política do governo determina que os professores tenham qualificação profissional, formação continuada e estejam imbuídos na era tecnológica. Isso é importante, só que o governo não oferece condições adequadas para que haja mudanças no quadro atual do ensino brasileiro, principalmente nas escolas públicas e não proporciona meios para que os professores adquiram mais conhecimentos não só na área da educação, mas em outras esferas de conhecimentos para que possam mediar na construção de novas informações e conceitos com seus alunos.

Necessário se faz que aconteça a modernização da profissão docente se valendo dos recursos tecnológicos e abandonando uma visão única de mundo, introduzindo na formação do professor um sentido de autonomização, aumentando a qualidade da formação geral, integradora e humanista.

Ainda assim, convém ressaltar que o bom professor deve se empenhar para que ocorram transformações na educação, valorizando-se cada vez mais com seu papel de professor, buscando sempre inovar o seu "saber fazer" sem acomodar-se diante dos problemas que surgem, demonstrando ter compromisso político e ético com a educação.

O professor deve sentir prazer em ensinar, em tornar-se um artista diante de seus alunos, respeitando as diferenças e individualidades de cada um, fazendo da sala de aula um espaço prazeroso e significante no qual possam aprender através da corporeidade, favorecendo a troca de conhecimentos e a aprendizagem.

Segundo Assmann (1998, p.33), "a escola não deve ser concebida como um simples repassador de conhecimentos prontos, mas como contexto e clima organizacional propício à iniciação em vivências personalizadas do aprender a aprender".

A flexibilidade é um aspecto cada vez mais imprescindível de um conhecimento personalizado e de uma ética social democrática. Sabe-se que há diversos aspectos que personificam o professor em sua formação diante da complexidade do ensinar, com os variados tipos de educação espalhados que pregam a passividade e a obediência ao sistema corporativista, uma vez que os cursos de formação para professor estão voltados para a transformação dos conhecimentos prontos e acabados, visando à quantidade e não a qualidade.

Pensa-se que o curso de formação de professores requer reavaliação de objetivos, conteúdos, métodos e formas de organização de ensinos, a fim de adequar-se à realidade em transformação.

O professor precisa antes de tudo, ser um pensador reflexivo sugerindo um caminho didático para a sua autoafirmação como educador pós-moderno, em quem estejam inseridos os desafios dos conceitos e estruturas administrativas da escola, com objetivo de inovar os padrões já estabelecidos e promover um "fazer" diferente, para que a reflexão, a crítica e a criatividade sejam permanentes.

Para acompanhar a evolução do conhecimento, o professor precisa repensar e avaliar sua prática, buscar, cada vez mais, a qualificação acadêmica que favoreça sua participação e adequação às transformações da sociedade atual. Entretanto, existem aqueles que estão distantes do conhecimento, o que gera o comodismo e faz do professor um tradicional, autoritário e individualista, distanciado do real objetivo a que se propõe um profissional da educação. Assim, os alunos saem em desvantagem. Nesse sentido, o autor afirma: [...] o educador só tem duas opções, ou quer a permanência desta sociedade com todas as desigualdades, ou trabalha para que a sociedade se modifique. (LUKESI, 1994, p. 115).

A sociedade do século XXI, no mercado capitalista, está cada vez mais exigente; o profissional precisa acompanhar as constantes mudanças que ocorrem na história dos povos, porém isso só é possível através de uma formação bem estruturada que o leve a praticar e não somente se basear em teorias que não condizem com a realidade. O professor, mais especificamente, está envolvido nesse processo por ser um dos agentes da transformação social.

Nesse sentido, outro grande especialista, diz que:

> [...] Se os professores estão sendo fortalecidos em além das estáticas visões modernistas da cognição do professor e do conhecimento prático, eles devem tornar-se pesquisadores dos contextos educacionais. Como futuros professores eles precisam estudar a interação entre contexto e cognição dos professores e empregar as ferramentas da pesquisa qualitativa. (KINCHELOE, 1993, p. 43).

Na visão de Kincheloe, o processo da prática pedagógica e da formação do professor assume um papel significativo, pois, sendo ele sujeito e objeto desta ação, pode desenvolver uma consciência reflexiva que lhe permita discernir sobre as formas através das quais a percepção do professor é moldada pelo contexto sociocultural acompanhado por seus códigos linguísticos, sinais culturais e visões implícitas do mundo e assim posicionar-se criticamente através do seu saber fazer, e esse saber fazer só ocorre com a prática reflexiva.

O professor pode proporcionar ao aluno buscar o caminho para a própria construção de um saber mais elaborado, uma maneira mais simples de olhar a realidade, procurando superar dificuldades encontradas em sua trajetória, para alcançar bom desempenho no processo ensino aprendizagem.

Mas, para que isso aconteça, é importante que o professor tenha consciência de que uma de suas funções é organizar, para o aluno, sua relação com o meio, criando situações que o levem a construir o próprio conhecimento, partindo das ideias e saberes que o aluno já possui, valorizando e respeitando suas contribuições e estimulando um processo autônomo de aprendizagem. Diante disso, nada é mais viável que inserir os discentes de história em Estágio Supervisionado III, Patrimônio Turístico e Arqueológico nos sítios arqueológicos do PARNA Serra da Capivara-PI.

Essa prática pedagógica reflexiva, capaz de pensar a sala de aula, a ida, a existência humana, certamente poderá fazer o professor perceber se está alcançando seus objetivos ou não e, também, se está aprendendo com a própria prática. Nesse contexto, o ilustre Paulo Freire nos diz que: [...] Ninguém educa ninguém, como tampouco ninguém se educa a si mesmo, os homens se educam em comunhão mediatizados pelo mundo. (FREIRE, 1975, p. 9).

A faculdade com que se sonha é aquela que assegura a todos a formação cultural científica para a vida pessoal, profissional e cidadã, possibilitando uma relação autônoma, crítica e construtiva com a cultura e suas várias manifestações, conciliando a prática com a teoria. Diante dessas exigências, a faculdade precisa oferecer serviços de qualidade, de modo que os estudantes passem por ela e ganhem melhores e mais efetivas condições de exercício da liberdade política e intelectual.

4. Metodologia aplicada na investigação

Esta seção apresenta o caminho que foi percorrido desde a apreensão da concepção da ideia, o conhecimento da literatura que envolve o tema desta pesquisa, o caminho trilhado a partir da inserção no campo de pesquisa, a coleta de dados com os acadêmicos de história e a análise dos dados, sob a orientação de autores que focalizam o quantitativo da pesquisa.

4.1. Descrição do local de Pesquisa

Aqui estão apresentados os encontros realizados durante a pesquisa de campo e mostra-se o panorama do campo de pesquisa que são os sítios arqueológicos do PARNA da Serra da Capivara-PI.

> A forma como apresenta o espaço PARNA analisado pela ótica cultural, arqueológica e antropológica permite visualizar um leque de aspectos materiais e imateriais que foram guardados e resguardados no tempo, exposto no espaço, que é um laboratório rico para vários tipos de estudo e especialmente nesta área de estudo que esta pesquisadora se encontrar (GUIDÓN, 2008).

O estudo da temática: Práticas pedagógicas no curso de História especificamente Estágio Supervisionado III, Patrimônio Turístico e Arqueológico nos sítios arqueológicos estrutura-se em etapas, procurando viabilizar o caminho investigativo que orienta a análise do contexto da pesquisa, considerando o PARNA de grande extensão, procura-se enfatizar os sítios arqueológicos que especificam as particularidades intrínsecas à pesquisa (BUCO, 2011).

Inicialmente, fez-se um amplo levantamento bibliográfico para estabelecer o referencial teórico-metodológico da pesquisa, com bibliografias específicas sobre a temática em estudo. Resgatadas e definidas as matrizes teóricas, a segunda etapa da pesquisa é relacionada ao trabalho de campo, com o intuito de inserir e observar o diferencial de os acadêmicos estarem diretamente em contato com os sítios arqueológicos. Nesse sentido, elaborou-se um questionário, instrumento de pesquisa, com questões específicas sobre a temática desta investigação, conforme orienta Hernández Sampieri, Fernández Collado e Baptista Lucio (2010, p. 225): "claras, precisas e compreensíveis para os sujeitos pesquisados". Questionário estruturado com questões fechadas para a investigação socioeconômica que são as perguntas obrigatórias, assim como para as questões que focalizam a pesquisa que é a base deste trabalho.

Os autores, especialistas da área, ressaltam que:

> [...] são obrigatórias as perguntas chamadas demográficas [...] do participante questionado: gênero, idade, nível socioeconômico, estado civil, escolaridade (nível de estudos), religião, filiação política, colônia, bairro ou zona onde vive, pertence a certo grupo, ocupação (atividade a que se dedica), anos que vive nessa residência atual, etc. [...]. Em cada investigação devemos analisar quais são pertinentes e nos resultarão úteis. (HERNÁNDEZ SAMPIERI, FERNÁNDEZ COLLADO e BAPTISTA LUCIO,2010, p. 225)

O trabalho de campo procurou evidenciar em *como, quando e onde,* pode-se aplicar o Estágio Supervisionado III, Patrimônio Turístico e Arqueológico. A terceira fase da pesquisa constitui-se na coleta de dados sobre os benefícios de estagiarem no PARNA, com as informações coletadas junto aos acadêmicos, no que diz respeito aos dados referentes à aprendizagem e conhecimento nos sítios arqueológicos.

Buscaram-se também informações para subsidiar a pesquisa com os guias que se encontravam em campo, colaborando com os acadêmicos do Estágio Supervisionado III. Aplicou-se o questionário a informantes qualificados como os guias do PARNA, o diretor do IBAMA, órgão responsável junto com a FUMDHAM pelo gerenciamento do PARNA, assim também junto aos acadêmicos após retorno do campo de pesquisa. Os acadêmicos tiraram fotos e filmaram tudo que foi possível nos sítios arqueológicos.

4.2. Localização do Parque Nacional da Serra da Capivara-PI

O Parque Nacional da Serra da Capivara-PI é um parque brasileiro que está localizado no semiárido nordestino no Sudeste do estado do Piauí, entre as coordenadas 8° 26' 50" e 8° 54' 23" de latitude sul e 42° 19' 47" e 42° 45' 51" de longitude oeste, na macrorregião do Sudeste do Piauí e microrregião do município de São Raimundo Nonato. Ocupa área dos municípios de São Raimundo Nonato, São João do Piauí, Coronel José Dias, Canto do Buriti, João Costa e Brejo do Piauí.

Com 129.140 hectares e seu perímetro é de 214 quilômetros, encontra-se na fronteira de duas grandes formações geológicas, a bacia sedimentar Maranhão - Piauí. É o único parque arqueológico do mundo com clima e formações típicas da Caatinga, além de uma das últimas áreas do sertão que ainda contam com biodiversidade rica e preservada. É administrado pelo Instituto Chico Mendes de Conservação da Biodiversidade (ICMBio) e gerenciado pelo IBAMA (Instituto Brasileiro do Meio Ambiente e dos Recursos Naturais) junto com a FUMDHAM (Fundação Museu do Homem Americano), (GUIDÓN, 2009).

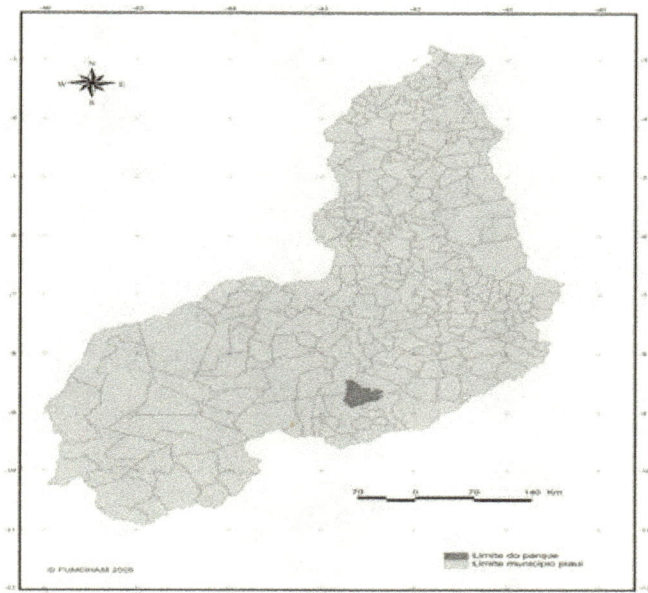

Mapa do Piauí com localização do Parque Serra da Capivara.
Fonte: www.fumdham.org.br/mapas.asp

O Parque Nacional Serra da Capivara – PARNA, está localizado no Sudeste do Estado do Piauí, foi criado em 1979. É o único Parque Nacional completamente dentro do bioma caatinga que comporta espécies de animais endêmicos ameaçados de extinção. Além disso, possuí um dos maiores acervos de arte rupestre do planeta, contando com uma enorme concentração de sítios arqueológicos significativos para o estudo do povoamento das Américas. Em 1991, O PARNA foi reconhecido pela UNESCO como um dos patrimônios mundiais da humanidade; em 1993 foi inscrito no livro de Tombo arqueológico, etnográfico e paisagístico pelo IPHAN como patrimônio Nacional.

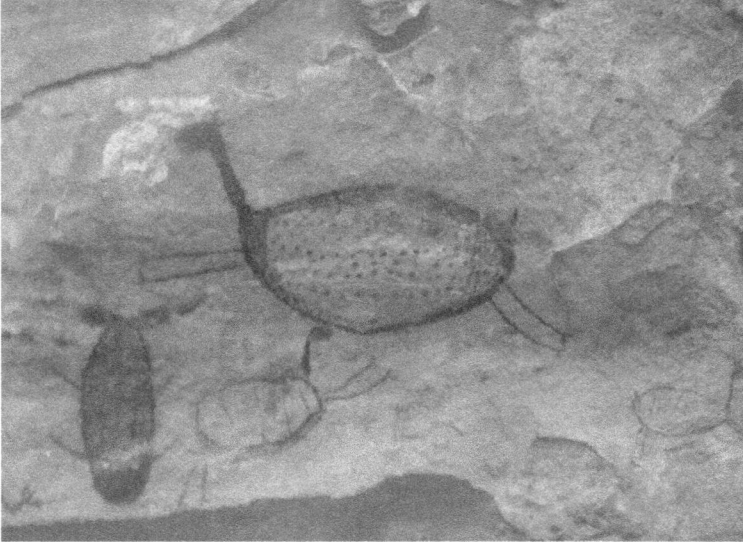

Pinturas Rupestres no PARNA Serra da Capivara com predominância do pigmento vermelho.
Foto do acervo pessoal da autora

Vista panorâmica no canyon do PARNA Serra da Capivara-PI.
Foto do acervo pessoal da autora

É um parque arqueológico com riqueza de vestígios que se conservaram durante milênios, devido à existência de um equilíbrio ecológico. Para essa conservação, a Petrobras é patrocinadora do Parque Nacional da Serra da Capivara desde 1999; colabora com os trabalhos de preservação, manejo, proteção, manutenção e divulgação do patrimônio cultural dos seus sítios arqueológicos. Diante da sua relevância cultural, é considerado Patrimônio Cultural da Humanidade pela UNESCO e declarado pela ONU "unidade de conservação com melhor infraestrutura da América Latina" (FUMDHAM, 2010, p. 20). O PARNA contém mais de mil sítios arqueológicos. Cerca de 600 sítios contêm pinturas e grafismos rupestres com, aproximadamente, 25 mil registros que revelam aspectos do dia-a-dia do homem americano (como rituais, guerras e cenas domésticas). Pesquisas e descobertas realizadas até o momento provam o movimento de pessoas há 100.000 anos. Segundo os responsáveis pelo PARNA, é possível revisar e atualizar teorias que apontavam a chegada do homem às Américas há 12 mil anos (DIAS, 2010).

Pedra Furada – palco aberto para apresentações científicas culturais do PARNA Serra da Capivara-PI.
Foto do acervo pessoal da autora

O PARNA também tem um acervo de sítios ao ar livre, antigas aldeias ou acampamentos de povos que viviam da caça e da coleta de alimentos, assim como sítios funerários ou arqueo-paleontológicos. Sendo 172 sítios visitados pelo público em geral e 16 acessíveis a portadores de deficiência física.

4.3. Desenho da investigação

O desenvolvimento desta investigação recai sobre a temática das práticas pedagógicas usadas nos sítios arqueológicos da Serra da Capivara-PI no Estágio Supervisionado III, Patrimônio Turístico e Arqueológico para o curso de Licenciatura Plena em História, respaldado por teóricos para atendimento dos objetivos específicos, assim como os acadêmicos de história diretamente no campo de pesquisa.

Segundo o mini-Aurélio da língua portuguesa (FERREIRA, 2001), pesquisa é o ato ou efeito de pesquisar, investigação e estudo, minuciosos e sistemáticos, com o fim de descobrir fatos relativos a um campo do conhecimento.

4.4 O enfoque da pesquisa

A pesquisa caminhou para o enfoque quantitativo não experimental, por ser uma pesquisa de análise estatística. Hernández Sampieri, Fernández Collado e Baptista Lucio (2010, p. 04) citam as características do enfoque quantitativo: "Usa a coleta de dados para provar hipóteses, com base na medição numérica e análise estatística, para estabelecer padrões de comportamento e provar teorias". E não experimental é o estudo que se realiza sem manipulação deliberada das variáveis, o pesquisador observa a situação existente para analisá-la posteriormente (tradução livre da autora).

Com um estudo com a função de exploração e, sendo descritiva, Sampieri (2010) explica que um estudo exploratório consequentemente leva ao descritivo. Por realizar-se em um campo de conhecimento específico e preparar o terreno antes da investigação, fato que ocorreu ao organizar o estágio nos sítios arqueológicos do PARNA Serra da Capivara. Hernández Sampieri, Fernández Collado e Baptista Lucio (2010, p. 79-80): "alcance exploratório: se realiza quando o objetivo consiste em examinar um tema pouco estudado" e o "descritivo: procura especificar as propriedades, as características e os perfis de pessoas, grupos, comunidades, processos, objetos ou qualquer outro fenômeno que submeta a análise (tradução livre da autora).

A pesquisa direcionou-se para um estudo com enfoque quantitativo, não experimental e transversal com alcance de estudo exploratório, por estabelecer o lugar da investigação, e o descritivo mostra o ângulo ou dimensão do fenômeno.

4.5. Universo da pesquisa

Segundo (GIL, 2008, p.89) universo ou população "é o conjunto definido de elementos que possuem determinadas características. Comumente, fala-se de população com referência ao total de habitantes de um determinado lugar". Para (HERNÁNDEZ SAMPIERI, FERNÁNDEZ COLLADO e BAPTISTA LUCIO, 2010, p. 175) "é o conjunto de todos os casos que concordam com determinadas especificações". Então pode-se inferir que os alunos matriculados no curso de história do polo de Timon compõem esse universo num total de 108 estudantes, que se encontram devidamente matriculados na disciplina de Estágio Supervisionado III, Patrimônio Turístico e Arqueológico, tendo todos, as mesmas oportunidades de participar das atividades, sendo escolhidos de maneira aleatória entre os matriculados na citada disciplina.

4.6 Amostra da pesquisa

Segundo Hernández Sampieri, Fernández Collado e Baptista Lucio (2010), amostra é um subgrupo da população, ou seja, é um subconjunto de elementos que pertencem a um conjunto com características semelhantes, que se denomina de população. Já para (GIL, 2008, p. 89), amostra é "uma pequena parte dos elementos que compõem o universo." Com o conceito de amostra desses dois autores em metodologia, apresenta-se a amostra e seu procedimento de coleta de dados.

Em uma pesquisa de enfoque quantitativo com alcance exploratório e descritivo, procura-se alcançar os objetivos propostos com uma amostra probabilística, e a seleção ocorreu de forme aleatória. Conforme Hernández Sampieri, Fernández Collado e Baptista Lucio (2010), a amostra probabilística é um subgrupo da população em que todos os elementos tem a mesma possibilidades de ser incluídos na amostra (tradução livre da autora).

Com essa explicitação do autor, todos os acadêmicos estão no mesmo nível, sujeitos a serem escolhidos. Já que encontram no estudo do Estágio Supervisionado III, Patrimônio Turístico e Arqueológico, em um total de 108 (cento e oito) alunos do curso de História das turma "A", "B" e "C" do polo de Timon- MA.

A população da pesquisa foi de 108(cento e oito) acadêmicos, e o tamanho da amostra foi baseado nos cálculos, de acordo com Hernández Sampieri, Fernández Collado e Baptista Lúcio, (2010, p. 179). E, com auxílio de procedimentos estatísticos, torna-se possível um nível de confiança de 95% e variabilidade nível de 5% de erro com positiva / negativa 0,5 de acordo com a seguinte fórmula para determinação do tamanho da amostra (n) com base na estimativa da média populacional:

$$n = \frac{N \times Z_a^2 \times p \times q}{d^2 \times (N-1) + Z_a^2 \times p \times q}$$

Onde:

n = Tamanho da Amostra

N = Tamanho da população

Z = Nível de Confiança

p = Probabilidade de êxito ou proporção esperada

q = Probabilidade de fracasso

d = Precisão (Erro Máximo permitido 0,5)

A seleção ocorreu de forma aleatória, sendo os sujeitos da investigação os acadêmicos do curso de história do polo da cidade de Timon - MA, total de 108 (cento e oito) acadêmicos. Então para uma população N= 108 e após os cálculos, utilizando-se a fórmula estatística, encontrou-se o tamanho da amostra exato de n = 85 estudantes.

A seleção da amostra ocorreu de forma aleatória dentre os acadêmicos matriculados na referida disciplina de estágio. São estes sujeitos do município de Timon- MA e cidades circunvizinhas, porém estão residindo nas cidades em que se encontra o polo em que estudam, sua idade fica entre 17 (dezessete) a 41 (quarenta e um) anos, são 48 (quarenta e oito) do sexo masculino e 37 (trinta e sete) do sexo feminino, sendo 48 (quarenta e oito) solteiros e 25 (vinte e cinco) casados, 2 (dois) viúvos e 10 (outros) com ocupação que variam de autônomo, funcionários público e privado e estudante.

Essas informações servem para detectar empecilhos que possam aparecer no momento do estágio nos sítios arqueológicos por depender de deslocamento da sala de aula para os sítios.

4.7. Instrumento de coleta de dados

O instrumento utilizado na recolha dos dados foi o questionário com a intenção de estabelecer parâmetros quantitativos em termos da amplitude do problema, pois o questionário é uma forma simples e pouco dispendiosa, permite recolher uma grande quantidade de dados.

Segundo Gil, entende-se por questionário "um conjunto de questões que são respondidas por escrito pelo pesquisado" (GIL, 2010, p.102)

O questionário, uma vez escolhido o tipo de perguntas fechadas, foi construído a partir do aprimoramento do instrumento-piloto, previamente submetido aos estudantes sob a forma de um modelo estruturado, com uma introdução explicativa de seus objetivos e cada pergunta voltada para os objetivos específicos referentes às questões do estudo no estágio em que os sujeitos da pesquisa encontravam se.

As amostras do instrumento-piloto foram analisadas e reformuladas até adequarem-se aos objetivos aqui estabelecidos. O instrumento-piloto foi aplicado a um grupo de perfil semelhante aos sujeitos da pesquisa, acadêmicos em estágio supervisionado III, de outra instituição, esclarecendo-lhes a importância da pesquisa piloto para a validação do instrumento.

A pesquisadora escolheu este instrumento por ser rápido, sigiloso e independente de auxílio, tornando-se viável em sua aplicação também por ser menos oneroso, outra vantagem do questionário é que ele é "autoadministrado", (HERNÁNDEZ SAMPIERI, FERNÁNDEZ COLLADO, BAPTISTA LÚCIO, 2010, p. 235). Utilizou-se, para a coleta de dados, um questionário padronizado, composto de duas partes: a primeira é estruturada e focaliza dados socioeconômicos e geográficos, caracterizando o participante por sexo, idade, estado civil, procedência e ocupação.

O corpo do questionário continuou sendo apresentado de forma estruturada e está dividido em 3 (três) partes conforme os objetivos específicos, totalizando 20 (vinte) perguntas fechadas. Na primeira delas, utilizou-se a técnica da descontração, cujas primeiras perguntas do questionário devem ser fáceis para deixar o pesquisado à vontade, antes das difíceis.

Em seguida foram elaboradas perguntas sobre: os elementos das práticas pedagógicas, o processo de aprendizagem docente a partir das aulas práticas e a formação de professor de história. Como se pode observar, a formulação dessas perguntas foi orientada pelos objetivos da pesquisa, de forma a compor um instrumento adequado à produção dos dados necessários ao cumprimento do objetivo geral desta pesquisa que é analisar as práticas pedagógicas utilizadas no Parque Nacional da Serra da Capivara-PI para o processo de ensino e aprendizagem dos alunos do curso de graduação em história daquela Instituição de Ensino Superior no polo de Timon-MA.

O registro, feito através de fotos, consiste em outro instrumento de coleta de dados, pois através das máquinas digitais pode-se registrar, em fotos e filmagens, para análise dos artefatos e pinturas rupestres nos sítios arqueológicos, sendo essas técnicas que a pesquisadora utilizou para melhor entender as respostas dos questionários. Fez-se uma ligação entre os objetivos específicos e as perguntas do questionário, (Apêndice A).

Os dados, após a coleta, foram organizados em mapas, tabelas e quadros para fins de análise e interpretação, conforme quadro abaixo.

Tabela 1: Instrumento de coleta de dados do primeiro objetivo específico.

OBJETIVO ESPECÍFICOS	QUESTIONÁRIO RELACIONADO
A) Identificar os elementos das práticas pedagógicas	1ª- Você já conhecia o PARNA da Serra da Capivara? 2ª- Na sua primeira visita ao PARNA, qual era o objetivo? 3ª- Na sua concepção, as práticas pedagógicas usadas nos sítios arqueológicos do PARNA são eficazes na aprendizagem? 4ª- Como você tem acesso aos referenciais de seu curso? 5ª- Como você avalia as práticas pedagógicas referentes aos sítios arqueológicos do PARNA da Serra da Capivara? 6ª- Quais são os dilemas encontrados nas aulas práticas nos sítios arqueológicos? 7ª- O que não pode deixar de ser feito quando no Estágio Supervisionado III. Para a contribuição das aulas práticas? 8ª- Hoje uma das prerrogativas da educação é trabalhar com elementos que envolvam a prática. Quais elementos são indispensáveis à disciplina Estágio Supervisionado III?

Fonte: Pesquisa direta da autora 2013.

No primeiro eixo, definido como "Elementos das práticas pedagógicas", investiga-se de que forma os docentes desenvolvem suas práticas pedagógicas, quais aspectos consideram relevantes para o desenvolvimento dessa prática e os dilemas diante de algumas práticas pedagógicas.

Tabela 2: Instrumento de coleta de dados do segundo objetivo específico.

OBJETIVO ESPECÍFICOS	QUESTIONÁRIO RELACIONADO
B) O processo de aprendizagem docente a partir das aulas práticas.	9ª- A disciplina Estágio Supervisionado III, Patrimônio Turístico e Arqueológico, tem êxito ao utilizar o Parque Nacional da Serra da Capivara em suas aulas práticas? Como? 10ª- Diante das pinturas rupestres e artefatos arqueológicos, você vê a necessidade da teoria seguida da prática nos sítios arqueológicos do PARNA? 11ª- O que você considera necessário para superar o ensino tradicional de História? 12ª- Diante das exigências educacionais na contemporaneidade, como você analisa a prática pedagógica do professor universitário de história? 13ª- Quais conhecimentos você precisa aprender para ensinar? 14ª- Você considera a aprendizagem nos sítios arqueológicos, necessária ao conhecimento em arqueologia?

Fonte: Pesquisa direta da autora 2013.

No segundo eixo temático, "O processo de aprendizagem docente a partir das aulas práticas", analisam-se os desafios vivenciados no período do estágio, quais aspectos foram mais marcantes no estágio, as formas de ressignificar a teoria com a prática, quais aprendizagens foram adquiridas durante o estágio.

Tabela 3: Instrumento de coleta de dados do terceiro objetivo específico.

OBJETIVO ESPECÍFICOS	QUESTIONÁRIO RELACIONADO
C) Contribuições das aulas práticas para formação de professor de história.	15ª- Na sua opinião, qual a relevância para a formação do acadêmico no curso de História tem o PARNA da Serra da Capivara, em São Raimundo Nonato-PI? 16ª- Refletindo sobre a formação e atuação do professor de História na disciplina Estágio Supervisionado III, que conceito você dá para esse professor que leva os acadêmicos a estagiarem nos sítios arqueológicos? 17ª- Qual é o grau de satisfação com relação a estagiar no PARNA DA Serra da Capivara? 18ª- Qual a importância do PARNA Serrada Capivara, no Estágio Supervisionado III, Patrimônio Turístico e Arqueológico para a formação docente? 19ª- O que o fez escolher um curso de formação de professor de história? 20ª- Sabe se que a formação docente é contínua. Mas você, como docente em formação, considera-se de forma básica formado sem as aulas práticas nos sítios arqueológicos?

Fonte: Pesquisa direta da autora 2013.

No terceiro eixo temático, "Formação docente", analisam-se as variadas formas e razões que levaram o sujeito da pesquisa a fazer o curso de história, a importância dos sítios arqueológicos na formação do docente em história.

4.8. Técnica de análise dos dados

Com os dados da pesquisa através de questionários e fotos em mão, a pesquisadora passa à etapa seguinte, que foi a análise dos dados. Três caminhos foram percorridos para a organização e análise dos dados:

1- Pré-análise: organizam-se os questionários e as fotos que vão ser utilizadas no trabalho;

2- Exploração do material e codificação dos dados;

3- Tratamento dos resultados em tabulação que foram agrupados em gráficos e tabelas para a análise estatística e passa-se a articulá-los com as informações teóricas que fundamentam a pesquisa.

Foram usados os seguintes programas de computador: na análise dos dados, utilizou-se dessa abordagem, envolvendo os dados estatísticos, articulando-os com as informações textuais do corpo teórico que fundamentaram a pesquisa. Os dados, além de interpretações e conclusões, apresentaram tabelas de percentuais e gráficos de acordo com as variáveis investigadas, em toda a amostra. A gestão e a contagem de dados, tabelas, quadros e gráficos foram realizadas através de programas de computador, sugerido por (HERNÁNDEZ SAMPIERI, FERNÁNDEZ COLLADO e BAPTISTA LÚCIO, 2010, p. 179). "O Pacote Estatístico para as Ciências Sociais, da IBM, o SPSS (Statistical Package for the Social Sciences) para o sistema Windows".

4.9. A ética na pesquisa

Para que ocorresse a pesquisa com a amostra e o ambiente investigado neste trabalho sem nenhum constrangimento ou apreensão com direitos divulgados, foi necessária a permissão da IES, assim como a confidencialidade respaldada pela ética, não sendo apresentados os nomes dos acadêmicos para que não sejam identificados. Somente seus dados socioeconômicos e geográficos, o que não os identifica.

Aqui se apresentam os relatos da metodologia que foi utilizada nesta pesquisa. Os questionários e observação participativa bem como sua finalidade e aplicação desses instrumentos e técnicas estão detalhados, explicados de forma que o leitor possa entender todo o passo-a-passo deste trabalho de pesquisa.

5 Análise e discussão dos resultados

A seção de análise dos resultados da pesquisa de campo contou com a participação de 85 estudantes do curso de Licenciatura Plena em História. Com a utilização dos instrumentos de coleta de dados foi possível desenvolver os objetivos específicos que apontaram, identificaram e descreveram o que se segue:

Gráfico 1: Resultado quanto ao gênero.

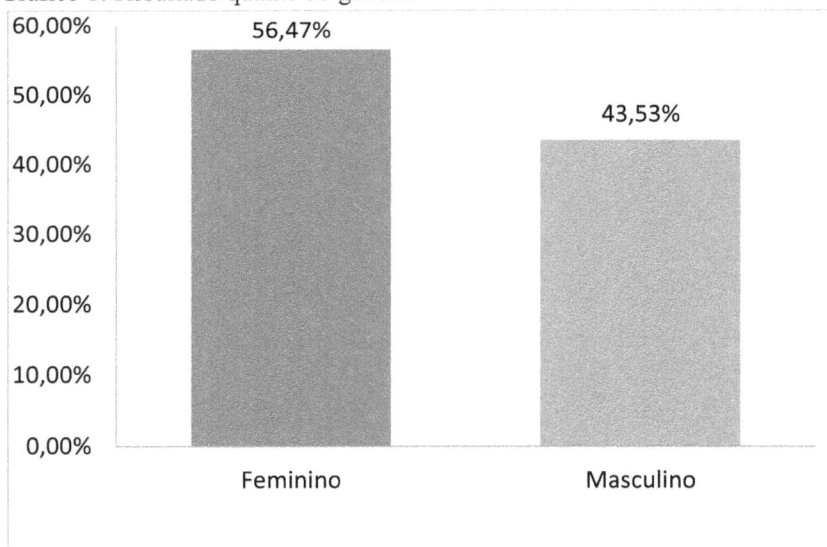

Fonte: Pesquisa direta da autora 2013.

A pesquisa revelou o que já está presente em outras pesquisas de cunho nacional em que a grande maioria dos estudantes do curso de história são do sexo masculino e pouco mais de 43% são do sexo feminino. Esta é uma realidade no Brasil ao se tratar de aptidão entre os diversos cursos de Licenciatura e Bacharelado nas universidades do Brasil. Portanto as turmas de história do polo de Timon/Maranhão não estão em divergência com o cenário nacional.

Gráfico 2: Resultado quanto à idade dos entrevistados. os dados foram.

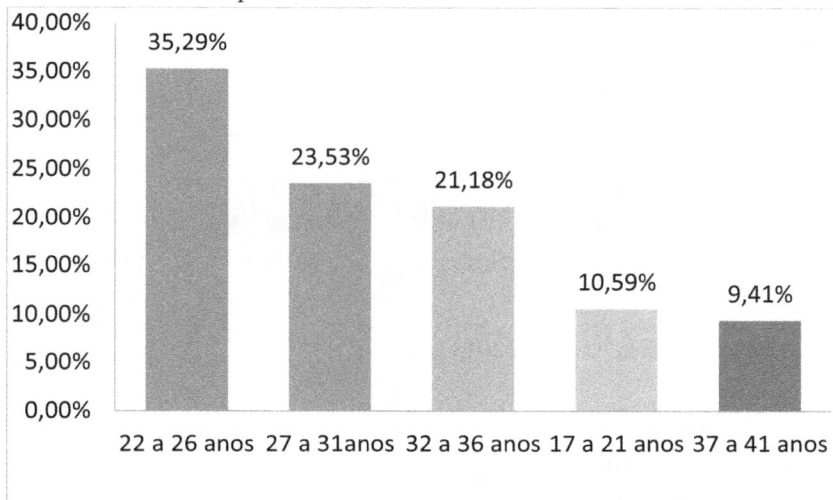

Fonte: pesquisa direta da autora 2013.

Quanto à idade cronológica dos alunos-professores, identificou-se uma distribuição bem heterogênea, pois aproximadamente 36% dos discentes possuem idade cronológica entre os 22 a 26 anos, mais de 23% entre 27 e 31 anos, pouco mais de 21% entre 32 e 36 anos, aproximadamente10% dos estudantes possuem idades entre 37 e 42, e pouco mais de 10% possuem idades entre 17 a 21 anos de idade.

Gráfico 3: Resultado quanto ao estado civil dos participantes.

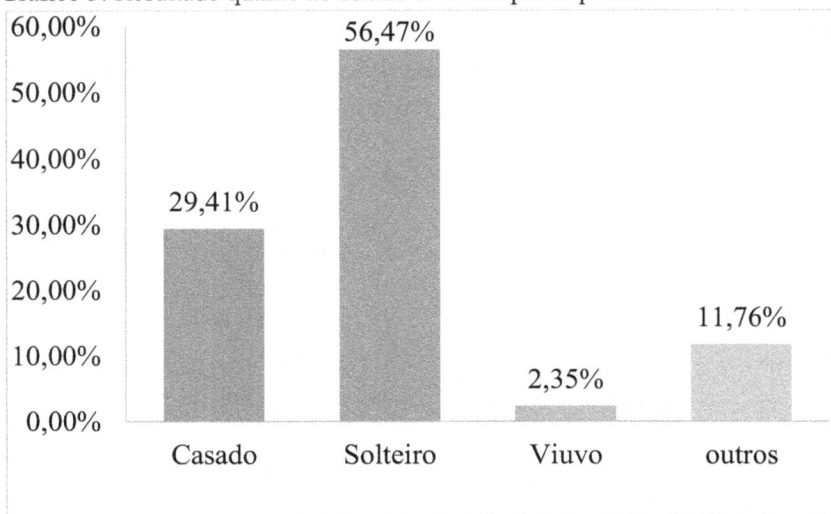

Fonte: pesquisa direta da autora 2013.

A pesquisa revelou que a grande maioria, ou seja, mais da metade dos entrevistados, são jovens solteiros; pouco mais de 29% são casados; aproximadamente 3% são viúvos; e mais de 11% declararam outras categorias de estado civil. O que se percebe, ainda, é que a grande demanda dos estudantes é de solteiros. Mas, também chamou atenção foi o grande número de casados realizando um curso de licenciatura - em história. Pois essa é uma característica peculiar dos estudantes da Faculdade em epígrafe haja em vista que, geralmente, trabalham no decorrer da semana e estudam nos finais de semana.

Analisando o gráfico 4, temos: a pesquisa identificou a procedência dos entrevistados: mais da metade da população investigada é natural ou residente da cidade de Timon-MA; um pouco mais de 27%, da vizinha cidade de Teresina – PI; pouco mais de 4% tem origem na cidade de Caxias – MA; e os demais têm a procedência do município de Codó - MA. A cidade de Timon/Maranhão é vizinha da capital do Estado do Piauí, Teresina, e muito acadêmicos atravessam as fronteiras do estado para estudar uma Licenciatura na faculdade exatamente pelo fato de ser oportunizada nos finais de semana.

Gráfico 4: Resultado quanto à procedência.

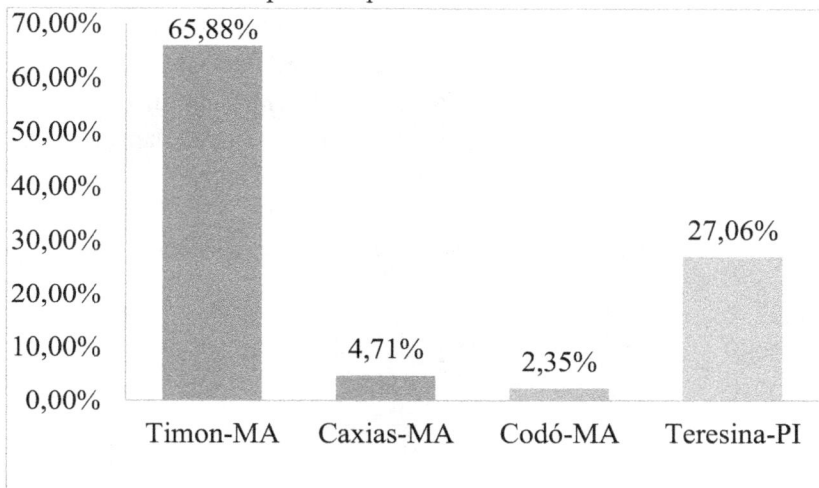

Fonte: pesquisa direta do autor 2013.

Gráfico 5: Resultado quanto à ocupação.

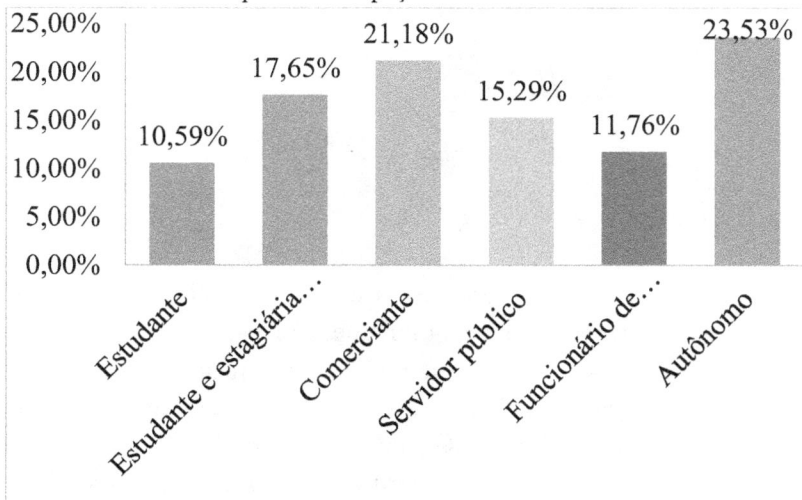

Fonte: pesquisa direta da autora/2013.

Em relação aos resultados do gráfico 5: quanto à ocupação funcional dos estudantes de Licenciatura em história a investigação apontou que aproximadamente 24% dos discentes realizam atividades funcionais autônomas e pouco mais de 21% realizam atividades na área do comércio local. Apontou ainda, que mais de um quarto dos estudantes são empregados, seja como servidor público ou em instituições privadas, e outros quartos restantes são estudantes, sendo que mais de 17% são também estagiários.

Gráfico 6: Dados sobre se os participantes já conheciam o PARNA da serra da capivara.

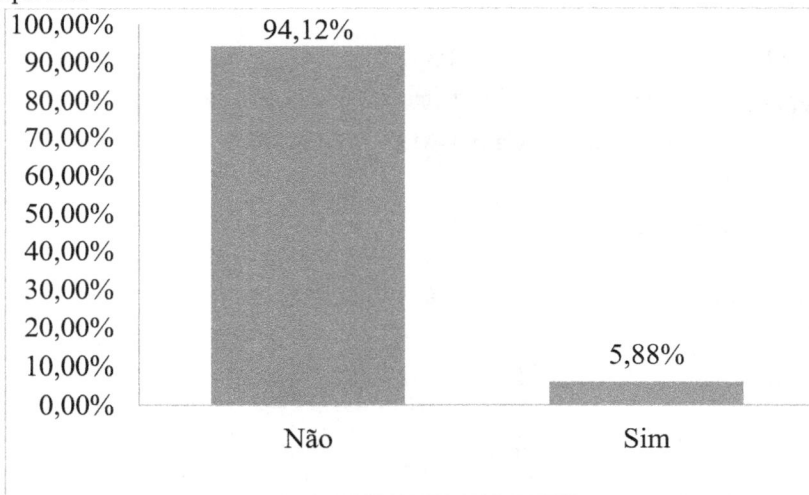

Fonte: pesquisa direta da autora/2013.

Investigando se os estudantes já teriam conhecimento do local de estudo, a grande maioria declarou que não conhecia a região, e pouco mais de 5% responderam que conheciam o local escolhido para estudos nas disciplinas de prática e estágio. Sendo, portanto, um local pouco explorado por acadêmicos da cidade de Timon/MA.

Analisando os resultados do gráfico abaixo: dos estudantes que responderam positivamente ao quesito, todos, ou seja, 100%, afirmaram

94

que realizaram viagem apenas de turismo, caracterizando-se, assim, que poucos professores utilizam o PARNA para fins acadêmicos. Esse dado levará outros pesquisadores a compreender o porquê da não utilização daquele espaço para fins didáticos em outras disciplinas do curso de História e até mesmo em outros cursos de graduação.

Gráfico 7: Resultado quanto ao objetivo da visita ao PARNA.

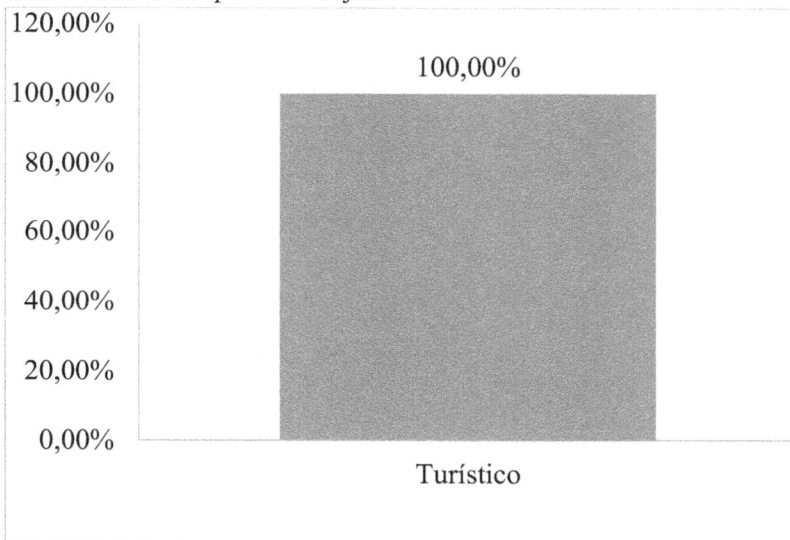

Fonte: Pesquisa direta da autora/2013.

Analisando o gráfico 8, temos: a investigação identificou que quase três terços dos sujeitos da pesquisa entendem que as concepções das práticas pedagógicas usadas nos sítios arqueológicos do PARNA são eficazes na aprendizagem; somente pouco mais de 23% discordam e ainda mais de 5% ficaram na dúvida quanto à utilização daquele espaço para fins educativos. Ficou evidente que o local é muito rico, e quaisquer acadêmicos, mesmo sendo iniciantes, ficarão arrebatados com as maravilhas do local e com os recursos naturais e históricos apresentados, sendo úteis para interagir com o material na literatura especializada.

Gráfico 8: Os dados sobre a concepção das práticas pedagógicas usadas nos sítios arqueológicos do PARNA são eficazes na aprendizagem.

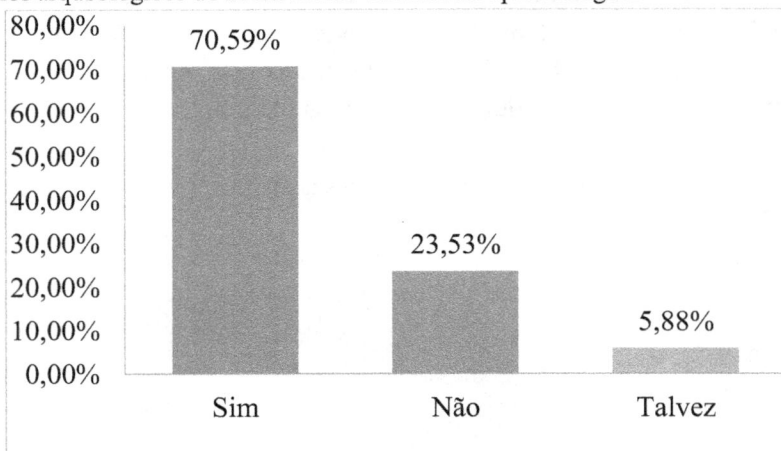

Fonte: Pesquisa direta da autora/2013.

Gráfico 9: Resultado Como você tem acesso aos referenciais do curso.

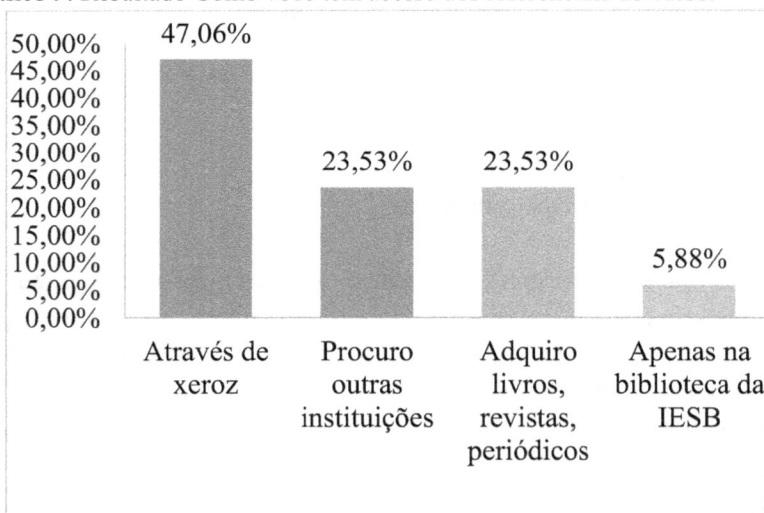

Fonte: Pesquisa direta da autora/2013.

Quanto às referências de materiais didático-pedagógicos para subsidiar o curso de Licenciatura Plena em História, quase a metade dos estudantes utiliza material apostilado em cópias, menos de 6% procuram a biblioteca da Instituição, e aproximadamente 48% procuram outras instituições, adquirem livros e revistas e pesquisam em periódicos para fundamentar seus estudos. Estes dados revelam a triste realidade em todo o Brasil e apontam vários outros temas, dentre eles as políticas públicas voltadas para o livro didático, que é demasiadamente caro, e a grande maioria dos estudantes não faz uso deste recurso, como apontam os resultados da nossa investigação com os acadêmicos da cidade de Timon/MA.

Gráfico 10: Os dados sobre como você avalia as práticas Pedagógicas, referentes aos sítios arqueológicos do PARNA da Serra da Capivara.

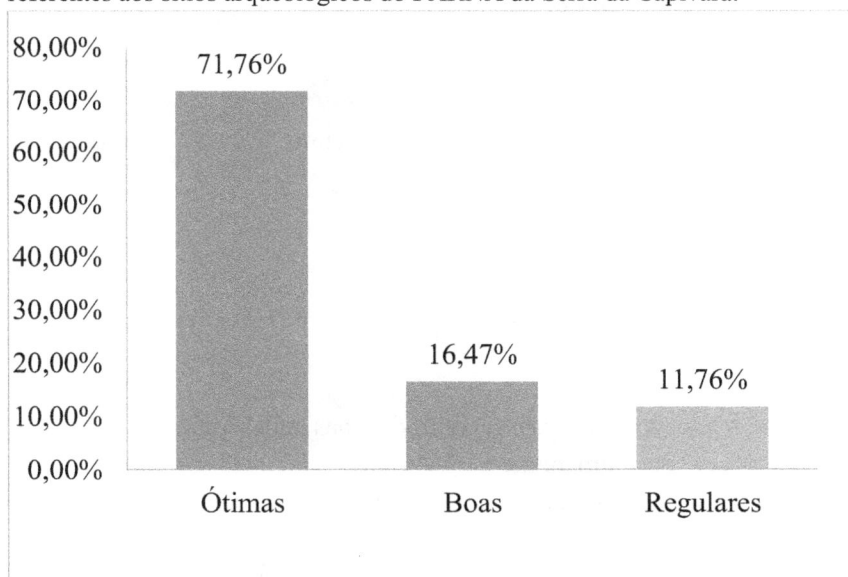

Fonte: Pesquisa direta da autora/2013.

A investigação descreve que quase três terços dos sujeitos avaliam as práticas pedagógicas, referentes aos sítios arqueológicos do PARNA da Serra da Capivara-PI, como sendo ótimas; aproximadamente 17% como boas; e pouco mais de 11% entendem que são regulares para as práticas. Mas o que se pôde analisar é que todos apresentaram respostas positivas quanto ao uso adequado do espaço para fins científicos.

Gráfico 11: Os dados sobre os dilemas encontrados nas aulas práticas nos sítios arqueológicos.

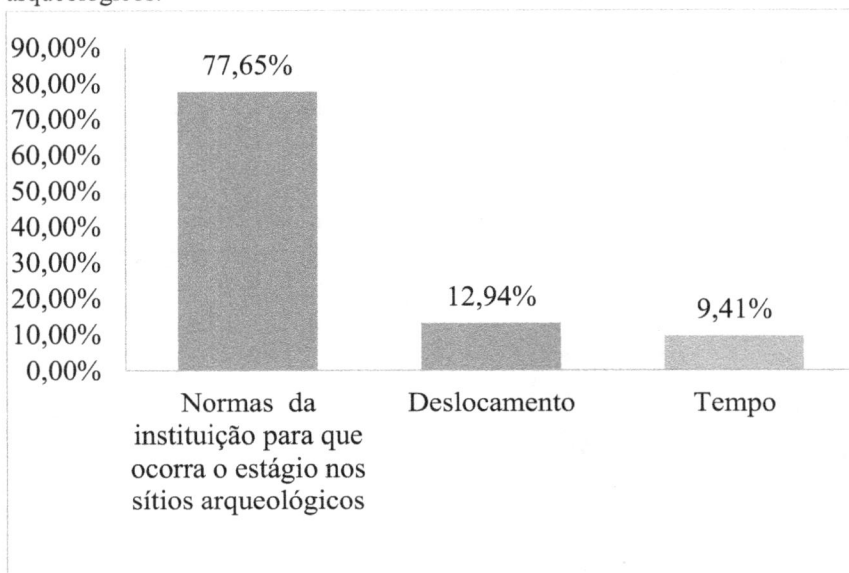

Fonte: Pesquisa direta da autora/2013.

Quanto aos dilemas encontrados nas aulas práticas nos sítios arqueológicos, aproximadamente 80% dos estudantes responderam que são de acordo com as normas da instituição para que ocorra o estágio nos sítios arqueológicos a fim de agregar a teoria à pratica; mais de 12% responderam que o dilema é o deslocamento; e pouco mais de 9% entendem que é a variável tempo que se apresenta como dilema principal.

Analisando o gráfico 12: quanto ao que não pode deixar de ser feito, no estágio supervisionado III, para a contribuição das aulas práticas, a investigação descreve que mais de 83% dos estudantes responderam que não podem faltar os estágios em sítios arqueológicos; mais de 12% responderam que não podem deixar de ser citados e mostrados filmes sobre a temática; e pouco mais de 3% entendem que a apresentação de slides sobre artefatos arqueológicos nas aulas práticas são contribuições importantes, em sala de aula.

Gráfico 12: Os dados quanto ao que não pode deixar de ser feito, no Estágio Supervisionado III, para a contribuição das aulas práticas.

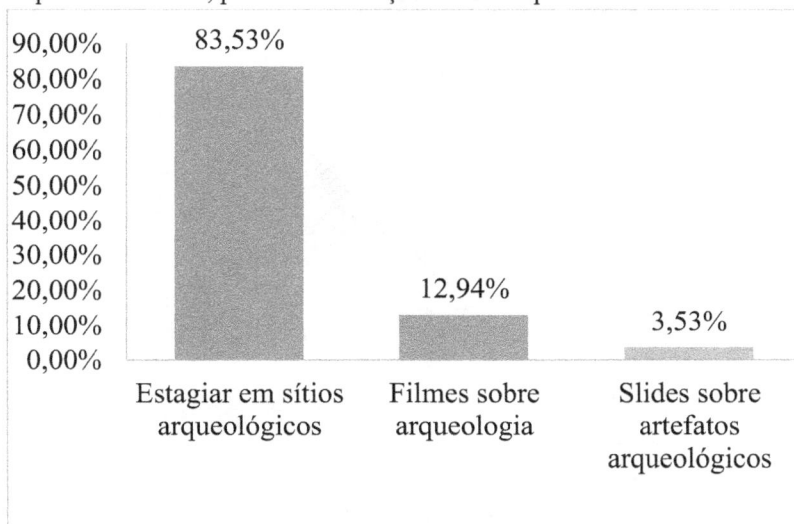

Fonte: Pesquisa direta da autora/2013.

Gráfico 13: Os dados quanto à pergunta: quais elementos são indispensáveis à disciplina - Estágio Supervisionado III?

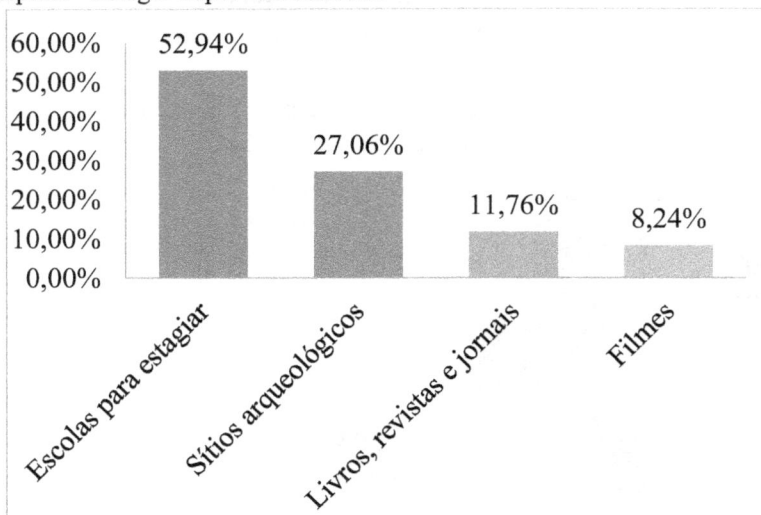

Fonte: Pesquisa direta da autora/2013.

No que se refere aos elementos que são indispensáveis à disciplina - Estágio Supervisionado III, a pesquisa aponta que aproximadamente 53% dos acadêmicos responderam que o estágio, *in locco*, no ambiente escolar é fundamental para o desenvolvimento da profissão; mais de 27% acreditam que sejam importantes as visitas em sítios arqueológicos; e aproximadamente 12% entendem que os livros, revistas e jornais especializados são elementos indispensáveis na disciplina em epígrafe. Os demais consideram os filmes sobre o tema uma ferramenta imprescindível para o desenvolvimento da disciplina Estágio Supervisionado III.

Gráfico 14: Os dados de como as aulas práticas da disciplina Estágio Supervisionado III, a partir das aulas práticas Patrimônio Turístico e Arqueológico, tem êxito ao utilizar o Parque Nacional da Serra da Capivara.

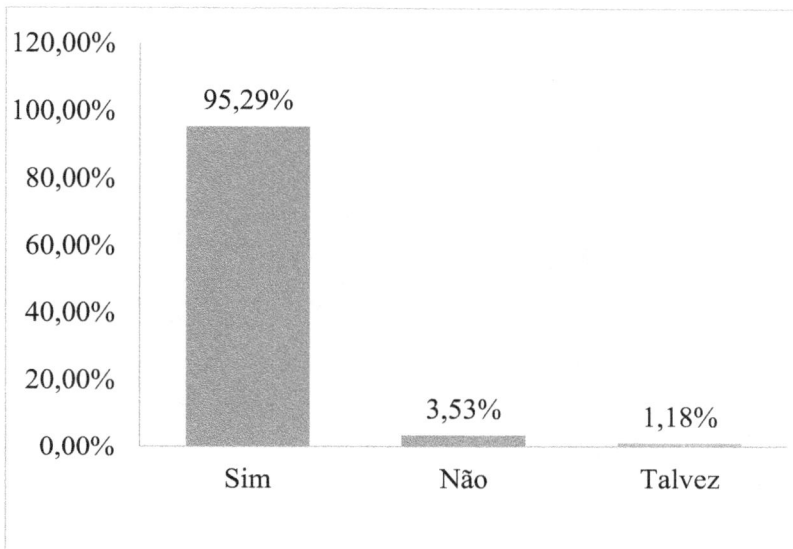

Fonte: Pesquisa direta da autora/2013.

A investigação descreveu que mais de 95% dos sujeitos envolvidos na pesquisa afirmam que as aulas práticas da disciplina - Estágio Supervisionado III, Patrimônio Turístico e Arqueológico, têm êxito ao utilizar o Parque Nacional da Serra da Capivara; somente pouco mais de 3% dos acadêmicos responderam que não há méritos em se utilizar o Parque Nacional da Serra da Capivara; e os demais ficaram em dúvida quanto ao questionamento.

Gráfico 15: Os dados sobre se, diante das pinturas rupestres e artefatos arqueológicos, há necessidade da teoria seguida da prática nos sítios arqueológicos do PARNA.

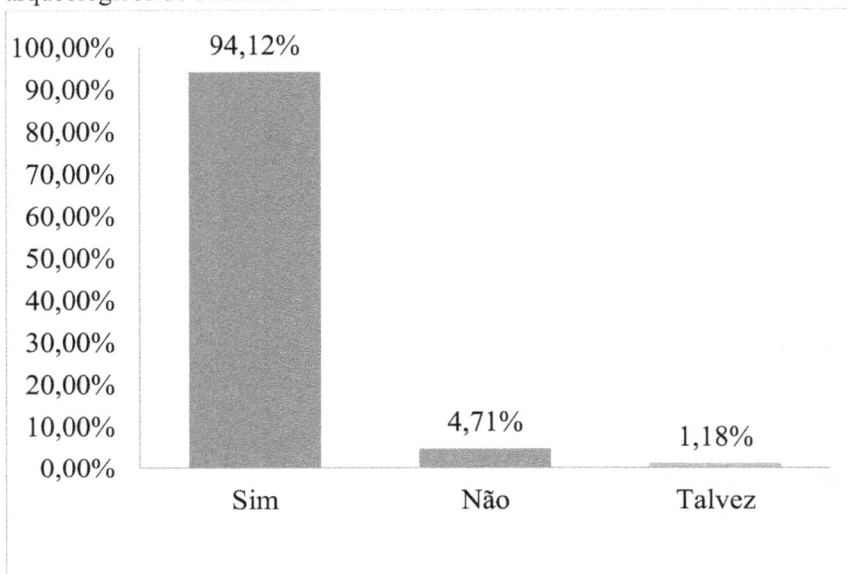

Fonte: Pesquisa direta da autora/2013.

Quanto ao uso das pinturas rupestres e artefatos arqueológicos, se há necessidade da teoria seguida da prática nos sítios arqueológicos do PARNA, a pesquisa identificou que aproximadamente 95% dos acadêmicos envolvidos na investigação responderam positivamente ao questionamento, entendendo que é importante aliar a teoria com as aulas práticas, administrada na disciplina - Estágio Supervisionado III, a partir das pinturas rupestres e artefatos arqueológicos. Já os demais discordaram e/ou ficaram em dúvida.

Analisando o gráfico 16, temos: a pesquisa procurou trazer elementos que apontem como superar as práticas pedagógicas tradicionais, e a grande maioria, ou seja, mais da metade dos sujeitos entrevistados apontam como sendo ideais as aulas teóricas seguida das aulas práticas. Outra parcela do grupo afirma que as pesquisas e as aulas práticas são fundamentais para o desenvolvimento e superação das barreiras impostas pelo ensino tradicional.

Gráfico 16: Resultado quanto à pergunta o eles consideram necessário para superar o ensino tradicional de História.

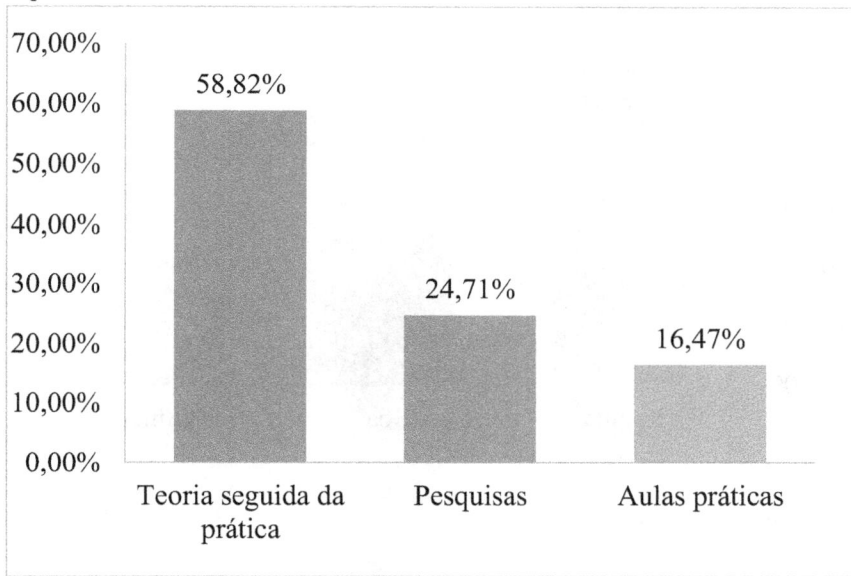

Fonte: Pesquisa direta da autora/2013.

Gráfico 17: Resultado quanto à pergunta se diante das exigências educacionais na contemporaneidade, como o acadêmico analisa a prática pedagógica do professor universitário na área história.

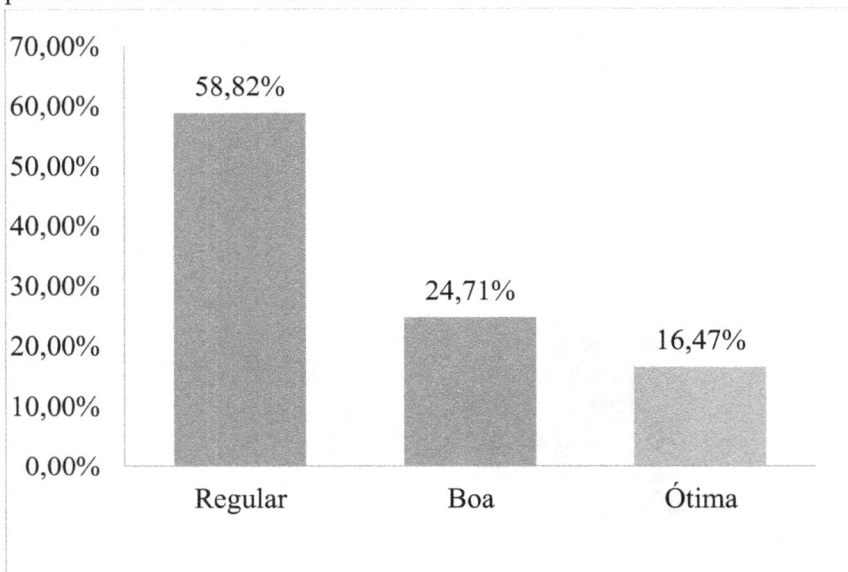

Fonte: Pesquisa direta da autora/2013.

No que se refere aos quesitos de exigências educacionais na contemporaneidade, mais da metade dos estudantes analisam a prática pedagógica do professor universitário na área da história como regular. Aproximadamente 25% apontam como boa, e pouco mais de 16%, o nível como ótimo.

Gráfico 18: Resultado quanto à pergunta: quais conhecimentos o acadêmico precisa aprender para ensinar?

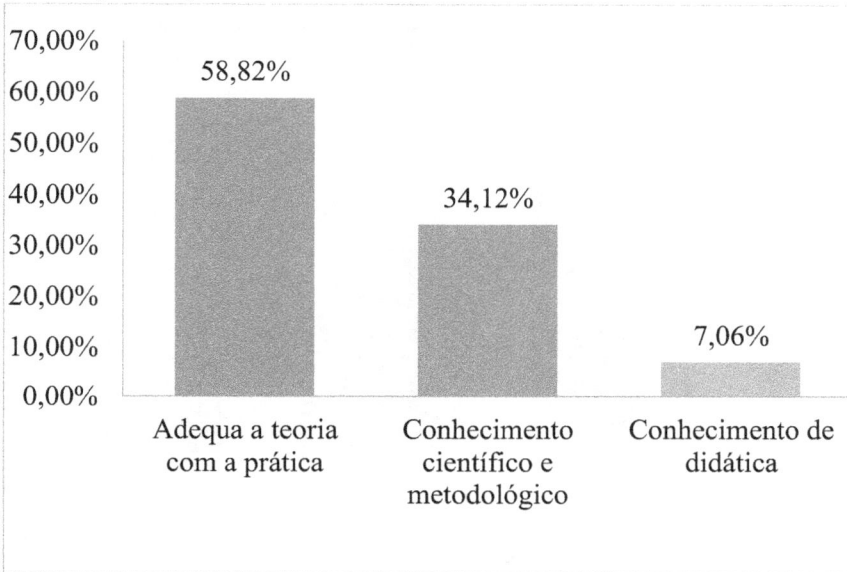

Fonte: Pesquisa direta da autora/2013.

A investigação identificou que aproximadamente 60% dos envolvidos ajustam a teoria com a prática e mais de 34% apontam para os conhecimentos metodológicos e científicos como sendo uma prioridade que o acadêmico necessita aprender para ensinar, já os demais acreditam que seja o conhecimento da didática essencial para o desenvolvimento do exercício do magistério.

Passando a analisar os resultados do gráfico 19: quanto ao questionamento sobre a importância de o acadêmico considerar a aprendizagem nos sítios arqueológicos necessária ao conhecimento em arqueologia, a pesquisa identificou que aproximadamente três quartos dos acadêmicos envolvidos na investigação responderam positivamente ao quesito, pouco mais de 15% entendem que não é importante a aprendizagem nos sítios arqueológicos em detrimento dos estudos arqueológicos e os demais se julgaram indecisos com a questão da pesquisa.

Gráfico 19: Resultado quanto à pergunta se o acadêmico considera a aprendizagem nos sítios arqueológicos necessária ao conhecimento em arqueologia.

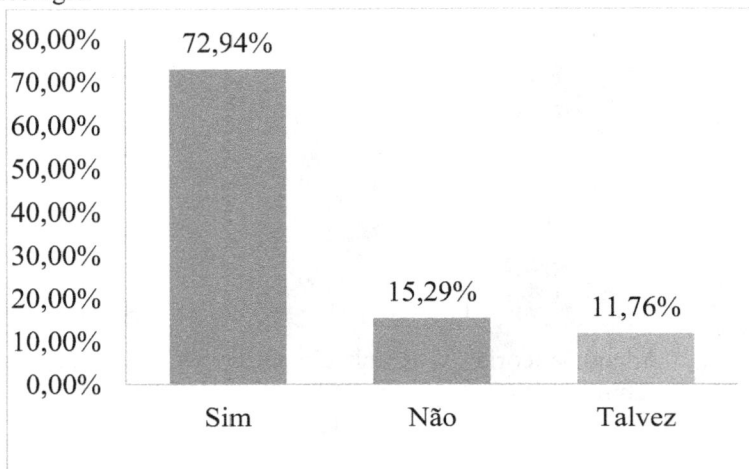

Fonte: Pesquisa direta da autora/2013.

Gráfico 20: Resultado quanto à opinião sobre a relevância da Serra da Capivara em São Raimundo Nonato-PI para formação de professor em história.

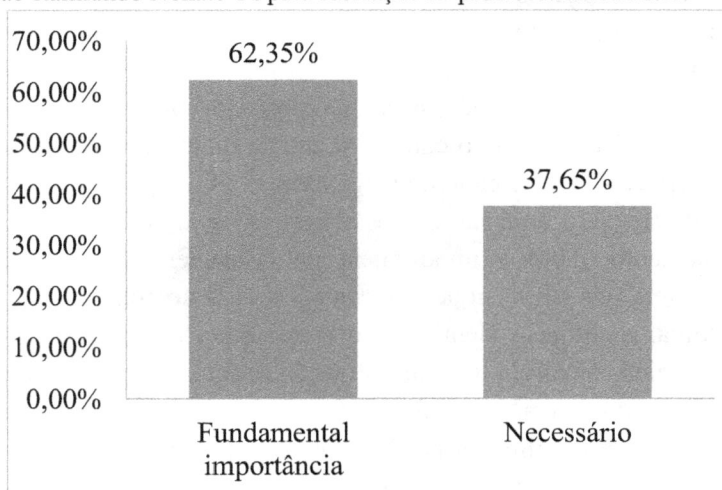

Fonte: Pesquisa direta da autora/2013.

A investigação aponta que mais de 60% dos estudantes da amostra da pesquisa declaram que o ambiente proporcionado pela Serra da Capivara é de fundamental importância para o desenvolvimento da formação dos futuros professores e mais de 37% afirmam que a relevância da Serra da Capivara em São Raimundo Nonato-PI para formação de professor em história é necessária.

Gráfico 21: Resultado quanto à reflexão sobre a formação e atuação do professor da área de História na disciplina Estágio Supervisionado III, que conceito você dá para esse professor que leva os acadêmicos a estagiarem nos sítios arqueológicos.

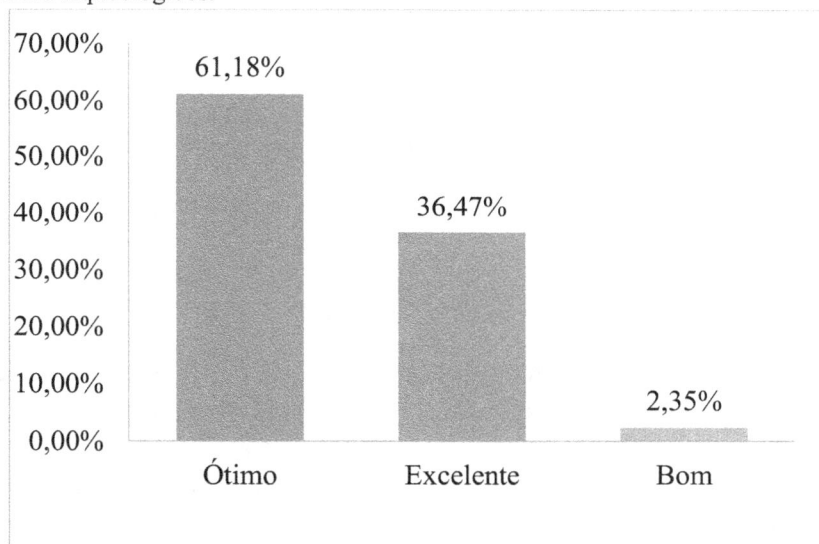

Fonte: Pesquisa direta da autora/2013.

No que se refere a formação e atuação do professor da área de História na disciplina Estágio Supervisionado III, mais de 60% dos estudantes conceituaram os professores como ótimos, e aproximadamente 37% como excelentes, e pouco mais de 2% como bons. Logo, a investigação aponta que a formação e atuação do professor da área de História na disciplina Estágio Supervisionado III, que acompanhou os acadêmicos a estagiando nos sítios arqueológicos possuem um conceito positivo frente ao colegiado do curso de história.

Gráfico 22: Resultado quanto o grau de satisfação com relação a estagiar no PARNA da Serra da Capivara.

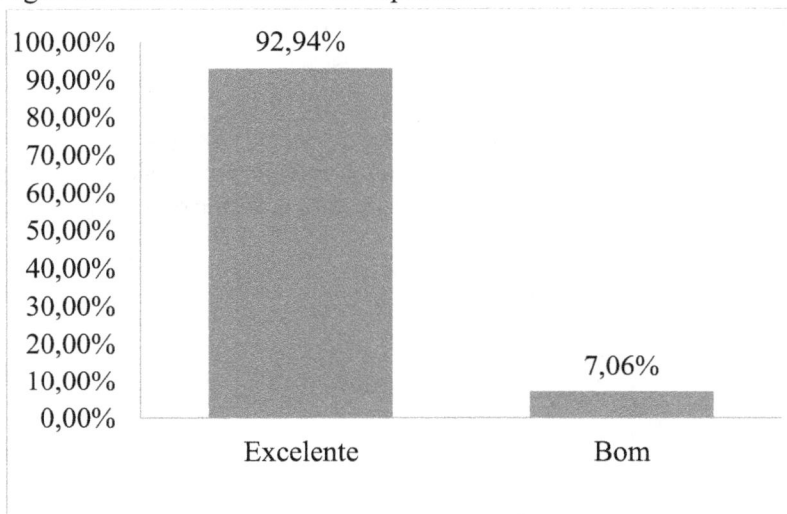

Fonte: Pesquisa direta da autora/2013.

A pesquisa descreve que a grande maioria dos acadêmicos entrevistados afirma, categoricamente, como excelente o seu grau de satisfação com relação a estagiar no PARNA da Serra da Capivara. Pouco mais de 7% descrevem como bom o nível de satisfação pessoal em relação ao estágio no Parque da Serra da Capivara.

Analisando o gráfico 23 temos: quanto à importância do PARNA Serra da Capivara, no Estágio Supervisionado III, Patrimônio Turístico e Arqueológico para a formação docente, a pesquisa aponta que pontualmente 80% dos acadêmicos entrevistado na investigação afirmam que é de grande relevância o espaço do PARNA e suas riquezas arqueológicas para atuação e formação docente; e mais de 17% responderam positivamente ao declararem que são necessários para a formação docente os estágios em ambientes como o PARNA Serra da

Capivara; quanto aos demais, entendem que é preponderante para formação do professor educador.

Gráfico 23: Resultado quanto à importância do PARNA Serra da Capivara, no Estágio Supervisionado III, Patrimônio Turístico e Arqueológico para a formação docente.

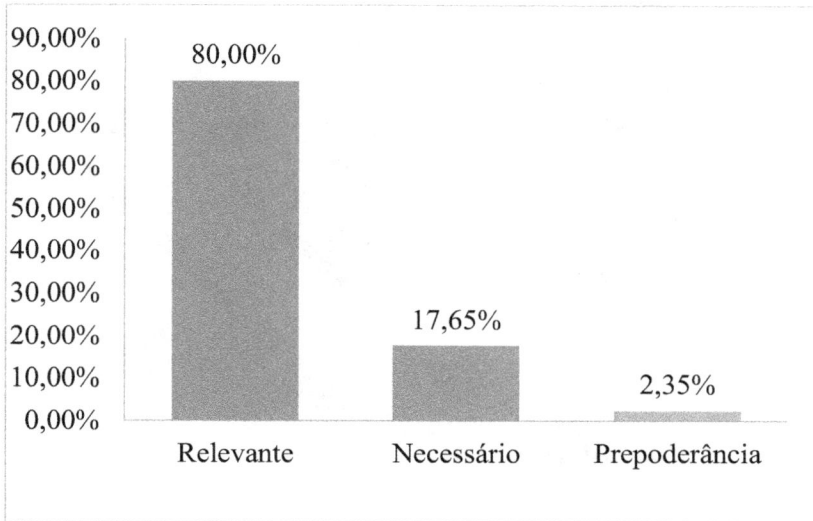

Fonte: Pesquisa direta da autora/2013.

Gráfico 24: Resultado quanto à pergunta: por que escolher um curso de formação de licenciatura em história.

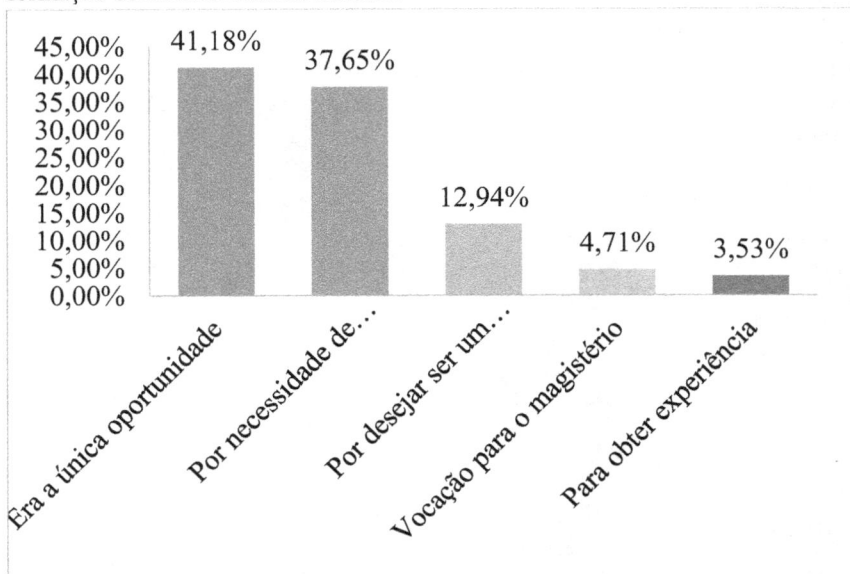

Fonte: Pesquisa direta da autora/2013.

A investigação aponta que a grande maioria dos acadêmicos entrevistados fez a escolha pelo curso de formação de Licenciatura em História por ser a única escolha, aproximadamente 40% por necessidade de um trabalho rápido, mais de 12% tinham o verdadeiro desejo de tornar-se um Historiador, somente um pouco mais de 4% por ter vocação para o exercício do magistério, e os demais, apenas para obter experiência em um curso superior.

Gráfico 25: Resultado quanto à pergunta se se considera de forma básica formado sem as aulas práticas nos sítios arqueológicos.

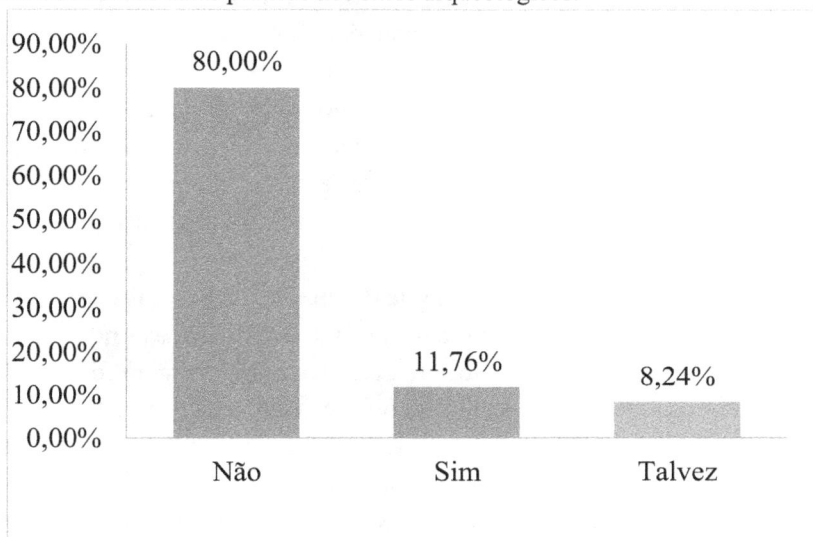

Fonte: Pesquisa direta da autora/2013.

A investigação descreveu que 80% dos sujeitos da amostra afirmam, categoricamente, que não consideram uma formação ideal, mesmo sendo um docente em formação, sem as aulas práticas nos sítios arqueológicos, pois a formação docente nos sítios arqueológicos é de suma importância na formação do futuro professor de história; mais de 11% dos licenciandos em história entendem que podem ter uma formação acadêmica sem as práticas no referido ambiente de aprendizagem, e os demais ficam no talvez.

5.1 Discussões dos resultados da pesquisa

Conclui-se a análise da pesquisa observando-se que, tendo em vista os seus objetivos, esta caracterizou-se como um importante meio para reavaliação da atuação prática do professor, enquanto pesquisador em educação.

Dentro de um grupo de resultados, que a investigação elucidou, foi possível explicitar que a grande maioria declarou que não conhecia a região, e poucos responderam que conheciam os locais utilizados para estudos nas disciplinas de prática e estágio. Também afirmaram que já realizaram a viagem apenas como turismo, caracterizando assim que poucos professores utilizam aquele espaço para fins acadêmicos. Tais informações levaram outros pesquisadores a conhecerem a razão da não utilização daquele espaço para fins didáticos em outras disciplinas do curso de História.

A investigação identificou que os sujeitos da pesquisa entendem que as concepções das práticas pedagógicas usadas nos sítios arqueológicos do PARNA são eficazes na aprendizagem e poucos discordaram quanto à utilização daquele espaço para fins educativos. Ficou evidente que o local é muito rico, e quaisquer acadêmicos, mesmo iniciantes, ficam deslumbrados com as maravilhas do local e com os recursos naturais e históricos apresentados, sendo úteis para interagir com o material na literatura especializada.

No que tange ao acervo bibliográfico e aos materiais didáticos pedagógicos para subsidiar o curso de Licenciatura Plena em História, somente um pequeno número de estudantes busca nas bibliotecas instrumentos para fundamentar seus estudos. Esses dados são uma triste realidade em todo o Brasil.

A investigação descreveu ainda que os sujeitos da pesquisa avaliam que as práticas pedagógicas, referentes ao conhecimento dos sítios arqueológicos do PARNA da Serra da Capivara, são ótimas e/ou boas e que todos possuem respostas positivas quanto ao uso adequado do espaço para fins científicos, mesmo discordando quanto ao seu nível de satisfação.

Foi possível também identificar alguns dilemas encontrados nas aulas práticas nos sítios arqueológicos. Pois os estudantes responderam que estão de acordo com as normas da instituição para que ocorra o estágio nos sítios arqueológicos para agregar a prática à teoria e outros consideraram como empecilho o deslocamento, e ainda outros, o tempo como dilema principal para que ocorram as aulas práticas nos sítios arqueológicos da Serra da Capivara.

Nessa ótica, ao investigar sobre o que não pode deixar de ser feito, no estágio supervisionado III, para a contribuição das aulas práticas, os estudantes responderam que não podem faltar estágios em sítios arqueológicos, e outra parcela considerável afirma que não podem deixar de ser citados e mostrados filmes sobre a temática e slides sobre artefatos arqueológicos nas aulas práticas. Ficou ilustrado que os alunos de Licenciatura Plena em História compreenderam a importância das práticas pedagógicas para sua formação acadêmica.

No que se refere aos elementos indispensáveis ao desenvolvimento da disciplina Estágio Supervisionado III, a pesquisa apontou que os acadêmicos responderam que o estágio, *in loco*, é fundamental para o desenvolvimento da profissão, pois que eles têm a oportunidade de conciliar a teoria com a prática.

Considerações finais

Nesta sessão, buscou-se finalizar o estudo, trazendo as considerações acerca da pesquisa realizada com os principais resultados dos objetivos propostos, assim como as recomendações para trabalhos vindouros, após o conhecimento desta pesquisa e a sua viabilidade.

A análise dos resultados permitiu produzir as considerações finais a respeito das práticas pedagógicas utilizadas no Parque Nacional da Serra da Capivara - PI para o processo de ensino e aprendizagem dos alunos do curso de Graduação em História da Faculdade Evangélica Cristo Rei (FECR), polo de Timon-MA.

A presente investigação teve como problema a ser elucidado: Quais as práticas pedagógicas utilizadas no Parque Nacional da Serra da Capivara - PI para o processo de ensino e aprendizagem dos alunos do curso de Graduação em História da Faculdade Evangélica Cristo Rei (FECR) polo de Timon - MA?

A pesquisa procurou trazer elementos que apontem como superar as práticas pedagógicas tradicionais, e a grande maioria, ou seja, mais da metade dos sujeitos entrevistados apontaram como sendo ideais aulas teóricas seguidas de aulas práticas. Outra parcela do grupo afirma que as pesquisas e aulas práticas são fundamentais para o desenvolvimento e superação das barreiras impostas pelo ensino tradicional.

No que se refere aos quesitos de exigências educacionais na contemporaneidade mais da metade dos estudantes analisaram como uma prática pedagógica do professor universitário na área de história como regular, e os demais apontaram como boa e ótima como exigência dos fundamentos educacionais no século XXI.

Ao descrever a contribuição das aulas práticas no Parque Nacional da Serra da Capivara - PI para formação de professores em História do polo de Timon- MA, a discussão voltou-se para a formação de professores, nas duas últimas décadas, apontando que esta foi intensificada pela necessidade de se conceber uma formação que atenda às exigências do mundo contemporâneo. Nesse contexto, o estágio supervisionado na formação inicial atrai olhares por se constituir uma possibilidade de articulação entre teoria e prática e de desenvolvimento das habilidades necessárias à docência. Entre essas habilidades, aponta-se a ideia do professor reflexivo como um profissional capaz de dar conta dos desafios inerentes à profissão.

Portanto, no que se refere à formação e atuação do professor da área de História na disciplina Estágio Supervisionado III, os estudantes conceituaram os professores como ótimos e excelentes, e somente um pequeno grupo os nivelou como bons. Logo, a investigação apontou que a formação e atuação do professor que acompanhou os acadêmicos a estagiando nos sítios arqueológicos têm um conceito positivo frente ao colegiado do curso de história.

Nessa mesma ótica, a investigação concluiu que a maioria dos sujeitos não considera a sua formação ideal, sem as aulas práticas nos sítios arqueológicos, pois a formação docente contínua é de suma importância na formação do futuro professor. Entendem que não devem ter uma formação acadêmica sem as práticas no referido ambiente de aprendizagem.

Neste trabalho dissertativo, observou-se a importância do estágio supervisionado na formação inicial, enfatizando-se o desenvolvimento da refletividade profissional e o papel da pesquisa na atividade formativa. Constituiu-se um referencial teórico apoiado em autores que comentam a temática. Percebeu-se que o estágio pode contribuir para uma formação inicial que permita a integração entre conhecimentos teóricos e práticos, promovendo uma prática como processo investigativo e desenvolvendo, no aluno-professor, uma postura reflexiva. Além disso, percebeu-se que o educador precisa refletir na e sobre a sua prática enquanto seu investigador.

Compreende-se que as mudanças na educação serão possíveis se houver possibilidade de uma formação reflexiva de professores. Ressaltando-se também a necessidade de que a produção do conhecimento e sua relação com a formação do professor devam ser ampliadas. Para tanto, há que ser considerados os saberes oriundos das ciências da educação, das disciplinas, dos currículos e da experiência. A pesquisa, por sua vez, deve assumir um caráter formativo nos cursos de formação de professores, pois coloca o professor como sujeito crítico e criativo de sua formação.

A temática é muito discutida no meio acadêmico por ser o estágio supervisionado, na formação de professores, digno de uma atenção maior das faculdades, dos professores, dos licenciados e das instituições em geral. A conotação da pesquisa era de abordá-lo em sua completude e contribuir com o debate de forma científica para um público acadêmico. Assim, o estágio supervisionado na formação inicial constitui-se em etapa formativa sem a qual não é possível formar docentes de competência.

Recomendações

É desejo desta pesquisadora que o rico espaço em que se encontra o ambiente do PARNA Serra da Capivara seja mais bem explorado pela Faculdade Evangélica Cristo Rei e pelas Instituições de Ensino Superior em geral com a finalidade de fundamentar a teoria com a prática por se tratar de um espaço privilegiado em evidências históricas, geológicas e arqueológicas, sendo este um patrimônio do Piauí e do Brasil.

Como recomendação para trabalhos futuros, espera-se que a teoria aqui desenvolvida venha despertar em outros pesquisadores a ânsia por incorporar outros paradigmas, assim também, que esta teoria sirva de complemento para estudos posteriores.

Além do enriquecimento pessoal e profissional, seria relevante se esta pesquisa contribuísse para uma desconstrução, reconstrução e melhoramento das práticas pedagógicas voltadas para o Estágio Supervisionado III, Patrimônio Turístico e Arqueológico nos sítios arqueológicos, fornecendo informações para evitar a repetição de erros, provocando atitudes e práticas mais reflexíveis e adequadas ao contexto, tornando a aprendizagem significativa e interessante, tanto para o docente quanto para o acadêmico.

Também pode-se observar o desinteresse das instituições educacionais e docentes de nível superior, no momento dos estágios supervisionados em arqueologia, ao não inserirem esses estagiários nos sítios arqueológicos. Diante de todas essas considerações, pode-se analisar como a cultura influencia nos resultados de aprendizagem.

Recomenda-se que sejam divulgadas as apresentações artísticas e culturais regionais quando acontecem os seminários, congressos para explanação das pesquisas acadêmicas realizadas no Parque Nacional Serra da Capivara; que esse patrimônio ligado ao PARNA seja mais valorizado pelo público de outras regiões que, frequentemente, visitam o museu e o PARNA da Serra da Capivara no intuito de conhecer as pesquisas e as descobertas arqueológicas no Sul do Estado do Piauí.

Finalizando, tem-se uma indagação referente ao Estágio Supervisionado III, Patrimônio Turístico e Arqueológico, principalmente quanto ao foco desta pesquisa, práticas pedagógicas em sítios arqueológicos.

A maior característica deste estudo está nos deslocamentos, mundo diferente da sala de aula tradicional voltada somente para a teoria pronta e acabada. Mas e as novas gerações de licenciados em história, quais serão suas necessidades? E quais serão os fatores que poderão auxiliar no desenvolvimento de suas aprendizagens? Estas são questões necessárias de se responder por futuros pesquisadores.

Com relação à viabilidade da pesquisa e ao acesso às informações, o projeto tornou-se viável por ser utilizada a disciplina Estágio Supervisionado III, Patrimônio Turístico e Arqueológico no momento de sua execução, os acadêmicos matriculados nessa disciplina, na referida IES desta pesquisa, com a atuação da pesquisadora no referido curso e disciplina, contando com o apoio dos envolvidos, como os acadêmicos, coordenação e os guias do PARNA.

BIBLIOGRAFIA

ABNT, Associação Brasileira de Normas Técnicas. *Informação e documentação -Referências - Elaboração*. NBR-6023. Rio de Janeiro, 2000.

ALVES, N; GARCIA, R. L. *A construção do conhecimento e o currículo dos cursos de formação de professores na vivência de um processo*. In: ALVES, N. (Org.). Formação de professores: pensar e fazer. 7 ed. São Paulo: Cortez, 2002.

ALVES, Vera Regina Oliveira. *TENDÊNCIAS EDUCACIONAIS: CONCEPÇÃO HISTORICO-CULTURAL E TEORIA HISTÓRICO – CRITICA*. Disponível em bib.praxis.ufsc.br. Acesso em junho de 2012.

ARROYO, M. *Ofício de Mestre:* imagens e autoimagens. Petrópolis: Vozes,2000.

BAPTISTA, João Gabriel. *Etno–história indígena piauiense*. 23. ed. Teresina: APL; FUNDAC; DETRAN. 2009.

BARREIRO, I. M. F; GEBRAN, R, A. *Prática de Ensino e Estágio Supervisionado na Formação de Professores*. São Paulo: Avercamp, 2006.

BLOCK, Marc. *A apologia da história ou o ofício do historiador*. Rio de Janeiro: Jorge Zahar, 2011. P.29.

BORGES, Síria Emerenciana Nepomuceno. *Invenção do patrimônio mundial*: Parque Nacional da Serra da Capivara. Teresina 2007. Dissertação de Mestrado (obs: História do Brasil pela UFPI).

CANDAU, V. M. (Org.). *Didática, currículo e saberes escolares*. Rio de Janeiro: DP&A, 2000.

CASTRO, M. A. C. D. *Abrindo espaço no cotidiano para o estágio supervisionado* – uma questão do olhar e da relação – na formação inicial e em serviço. Tese (Doutorado). 230. Pontifícia Universidade Católica de São Paulo – PUC-SP, 2000.

CHARLOT, B. *Os jovens e o saber*: perspectivas mundiais. Porto Alegre: Artmed, 2001.

CONTRERAS, J. *A autonomia de professores*. São Paulo: Cortez, 2002.

DIAS, Claudete Maria Miranda. Da pré-história à sociedade escravista colonial. In: NASCIMENTO, Alcides; VAINFAS, RONALDO. *História e historiografia*. Recife: Edições Bagaço, 2006. p.79.

Diretrizes Curriculares para a Educação das Relações Étnicos e Raciais e para o Ensino de História e Cultura Afro-Brasileira e Africana. Brasília DF: Outubro, 2004

FREIRE, P. *Pedagogia da autonomia:* saberes necessários à prática educativa. 4 ed. São Paulo: Paz e terra, 1996.

FREIRE, Paulo. *Pedagogia da autonomia:* saberes necessários à prática educativa. São Paulo: Paz e Terra, 1996.

FUMDHAM. *Parque Nacional da Serra da Capivara*. Disponível em HTTP://www.fumdham.org.br. Acesso em março 2012.

FUMDHAMentos: Publicação da Fundação Museu do Homem Americano. Número 9, V.4. 2010.

GESTÃO EDUCACIONAL: DA FORMAÇÃO PEDAGÓGICA DOS GESTORES ÀS PRÁTICAS ADMINISTRATIVAS NO ESPAÇO ESCOLAR. (Projeto de Pesquisa para Mestrado: SULZARTY, Silvano. Disponível em WWW.google.com.br. Acesso em junho de 2012.

GHEDIN, E. et al. *Formação de professores:* caminhos e descaminhos da prática. Brasília: Líber Livro Editora, 2008.

GIL, Antônio Carlos. *Como elaborar projetos de pesquisa.* 3. ed. São Paulo:Atlas,2006.

GÓMEZ, A. A função e a formação do professor / a no ensino para a compreensão: diferentes perspectivas. In: SACRISTÁN, J. G.; GÓMEZ, A. *Compreender e transformar o ensino.* Porto Alegre: Artes Médicas, 1995

GÓMEZ, A. O pensamento prático do professor – a formação do professor como profissional reflexivo. In: NÓVOA, A. *Os professores e sua formação.* Lisboa: Dom Quixote, 1995. p. 93-114.

GUIDON, Niéde. Arqueologia do Parque Nacional da Serra da Capivara – Sudeste do Piauí. Revista Arqueológica 2003. Disponível em WWW.consciência.br. Acesso em: 26 de maio de 2012.

GUIDON, Niéde. CARTA ABERTA.

GUIDON, Niéde. Pedra Furada: uma revisão. In: Fundhamentos VII-II Simpósio Internacional - "O povoamento das Américas", 2006. P.39

GUIDON, Niéde; NUNES, Luiza Beth Alonso; PESSIS Anne-Marie. A ÁGUA e o BERÇO do HOMEM AMERICANO. Projeto Borda Sudeste da Bacia Sedimentar do Paraíba - Créditos exclusivos da CPRM. PIAUÍ-BRASIL. 2011.

KINCHELOE, J. L. *A formação do professor como compromisso político:* mapeando o Pós-Moderno. Porto Alegre: Artes Médicas, 1993.

KINCHELOE, Joe L. *A formação do professor como compromisso político:* mapeamento pós-moderno. Tradução de Nize Maria Campos. Porto Alegre: Artes Médicas, 1997.

LEI DIRETRIZES DE BASE DA EDUCAÇÃO NACIONAL: (Lei 9.394/96). Secretaria da Educação e Desporto. Natal: Unidade Setorial de Planejamento/SECD, 1998.

MENDES, B.M.M. Novo olhar sobre a prática de ensino e o estágio curricular supervisionado de ensino. In: MENDES SOBRINHO, J.A.C.; CARVALHO, M. A. (Orgs.). *Formação de Professores e Práticas Docentes:* olhares contemporâneos. Belo Horizonte: Autêntica, 2006. p.193-206.

MONTEIRO, A. M. A prática de ensino e a produção de saberes na escola. In: NÓVOA, A. (Coord.) *O professores e sua formação.* Lisboa: Dom Quixote, 1995.

PARÂMETROS CURRICULARES NACIONAIS: História e Geografia / Ministério da Educação. Secretária da Educação. Ensino Fundamental. 3ed. Brasília: A SECRETARIA, 2001.

PARÂMETROS CURRICULARES NACIONAIS: Pluralidade Cultural – Ministério da Educação. Ensino Fundamental. 3ed. Brasília. A SECRETARIA, 2001.

PERELLÓ, J. S. *Pedagogia do estágio*. Belo Horizonte, Editora PUC; Minas Gerais: CIEE/MG, 1998.

PICONEZ, S. (Coord). *A prática de ensino e o Estágio supervisionado*. Campinas: Papirus, 1991.

PIMENTA, S. G; LIMA, M. S. L. *Estágio e docência*. São Paulo: Cortez, 2007.

PIMENTA, S.G. *O estágio na formação de Professores*: Unidade teoria e prática? 9 ed. São Paulo: Cortez, 2010.

PINSKY, Jaime. *O ensino de História e a criação do fato*. 11ed. São Paulo: Contexto, 2004.

SAMPIERI, H. R.; COLLADO, C. F.; LUCIO., P. B. *Metodología de la investigación*. México: Mc Graw Hill, 2010.

SANTIAGO, Ana Maria de A. PCNS: da teoria à prática. In: V ENCONTRO NACIONAL DE PESQUISADORES DE HISTÓRIA. Rio de Janeiro: UERJ SN.

SANTIAGO, M. E; BATISTA NETO, J. *A prática de ensino como eixo estruturador da formação docente*. In: X ENDIPE. CD-Rom. Rio de Janeiro, 2000.

SANTOS, Gersávio; KRUEL, Kenard. *História do Piauí*. Teresina: Ed. Halley/ Zodíaco. 2009.

SAUL, Ana Maria. Avaliação emancipatória: desafio à teoria e a prática de avaliação e reformulação de currículo. 8.Ed –São Paulo: Cortez, 2010.

SCHÖN, D. Formar professores como profissionais reflexivos. In: NÓVOA, A. (Coord.). *Os professores e sua formação.* Lisboa: Dom Quixote, 1995. p. 77-92.

SOUSA M. S. R. *Imaginário de semiárido e o processo de construção de saberes ambientais*: o caso do município de Coronel José Dias – Piauí. Dissertado de Mestrado, Universidade Federal do Piauí: Teresina, 2005.

TARDIFF, M. *Saberes docentes e formação profissional.* Petrópolis: Vozes, 2002.

TRIOLA, M. F. *Introdução à Estatística.* 7. ed. Rio de Janeiro: LCT (Livros Técnicos e Científicos) Editora S.A., 1999.

UNESCO. *Diretrizes Operacionais para a Implementação de Convenção do Patrimônio*, 1977. Disponível em WWW.unesco.org/mwhc.fr/pages/doc/mainf5.htm. Acesso em: 28 de maio de 2012,

UNESCO. Lista de patrimônio mundial. Disponível em <pt.wikipedia.org/wiki/Patrim-C3%B3nio_mundial#lista_de_locais_de_patrim.C3.B4nio_mundial_por_regi.C3.B5es>. Acesso em: 28 de maio de 2012.

VEIGA, I.P.A. Professor: Tecnólogo do ensino ou agente social? In: VEIGA, I.P.A.; AMARAL, A.L. (org.). *Formação de Professores:* políticas e debates. Coleção Magistério: Formação e trabalho pedagógico. Campinas, SP: Papirus, 2002.

www.ingramcontent.com/pod-product-compliance
Lightning Source LLC
Chambersburg PA
CBHW020548030426
42337CB00013B/1021